社交资本
影响式表达

卢战卡 —— 著

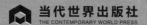
当代世界出版社
THE CONTEMPORARY WORLD PRESS

图书在版编目（CIP）数据

影响式表达 / 卢战卡著. -- 北京：当代世界出版
社，2021.6
（社交资本）
ISBN 978-7-5090-1608-4

Ⅰ. ①影… Ⅱ. ①卢… Ⅲ. ①语言艺术－通俗读物
Ⅳ. ①H019-49

中国版本图书馆CIP数据核字(2021)第086609号

影响式表达（社交资本）

作　　者：卢战卡
出版发行：当代世界出版社
地　　址：北京市东城区地安门东大街70-9号
网　　址：http://www.worldpress.org.cn
编务电话：（010）83907528
发行电话：（010）83908410（传真）
　　　　　13601274970
　　　　　18611107149
　　　　　13521909533
经　　销：全国新华书店
印　　刷：北京兰星球彩色印刷有限公司
开　　本：880毫米×1230毫米　　1/32
印　　张：7
字　　数：170千字
版　　次：2021 年 6 月第 1 版
印　　次：2021 年 7 月第 2 次
书　　号：978-7-5090-1608-4
定　　价：42.80 元

前 言
PREFACE

  有人的地方就有江湖，想笑傲江湖就离不开社交功夫。每个人都有社交属性，但大部分人由于从小没有接受过全面系统的社交训练，在生活中难免会遇到很多困扰。不过我们也无须太过悲观，正因为社交无处不在，**所以，我们想改变命运、实现成功和找到幸福才有了捷径——只要能有效影响人，几乎就能搞定一切。**综观职场，无论哪个领域，只有善于做人的工作，才有可能成为佼佼者，否则一辈子都不可能得到应有的回报。

  很多人把对人的工作视作务虚，把对事和物的工作视作务实，甚至还有人单方面地认为这些交际功夫会让人变得太务虚，不够务实。这些都是对务虚的偏见。其实我一直有个观点：**在务实基础上的务虚，是获得最大回报的务实。**正如一个努力工作又善于表达的职员，更容易获得升职加薪的机会，努力工作是基础项，善于表达是加分项。总的来说，**务实决定了人的发展下限，而在务实基础上的务虚往往决定了人的发展上限。**站在商业的角度，也许会有人觉得社交跟赚钱无关，这其实是大错特错了。因为一切商业的本质就是交换，一切交换的前提都源自社交！翟鸿燊曾强调：同流才能交流，交流才能交心，交心才有交易。如果你会社交，还愁赚不到钱吗？

  无论是为了人缘、爱情、家庭和睦、提升威望，还是为了在公关、

管理等场景下实现更大的经济效益，社交都在发挥着举足轻重的作用。

没有人不该重视社交，但没多少人能真正做到有结果的社交。因为任何有效社交的本质，都在于影响。你能影响对方，才能实现你想要的结果。一个人能影响多少人，才代表他有多强的社交资本。而想影响人，就要懂人性和社交原理。你能多懂一个人，才能多深刻地影响这个人。

基于对人性的洞察研究和对社交原理的认识，我常思考该如何结合自己的专长和更多的调研，给大家整理出一套更符合大众实际情况、更成体系、更有可复制性、更易学易用的社交功夫。与此同时，正好接到了喜马拉雅 FM 的邀请，希望我能开办专栏进行分享。在内因和外因的共同促使下，我自然是义无反顾地要打磨好这套课程了。值得感恩的是，这套课程《成为交际高手的 72 套功夫》在喜马拉雅刚一推出，就有幸得到了新东方创始人俞敏洪老师、《我是演说家》陈秋实老师、央视主持人肖贵宁老师等大咖的强力推荐和喜马拉雅平台的多次开屏推荐、首页推荐等，这套课程上架不到 1 个月报名人数就突破了 1 万，并且好评如潮。

感谢粉丝们一直以来对我的信任和鼓励，正因为大家积极踊跃的反馈，我后来又在今日头条、百度百家号陆续上架了《365 堂说话之道》《108 套销售心法》《中国式饭局社交》等专栏课，半年多的时间购买人数就突破了 4 万，并且一直在平台保持同类目销量和好评之冠。后来我的课程被 400 多个平台邀请分发，也引来很多企业的团购。由于这些专栏一直在平台深受欢迎，疫情到来之时，我也积极地带头推动专栏免费学公益助学活动，一个月帮助了47万余人宅家长知识，成为头条、百度等多平台公益助学先锋。在此期间，我经常被粉丝和企业界的朋友问到"有没有文字版"，很多人希望这些系统化的经验能够出版发行，以便更好地指导他们的社交实战。为此，**我精选了上述课程中的精华内容，花费了一年的时间打磨出了"社交资本"系列《影响式社交》《影响式表达》《影响式销售》这三部曲。为了让读者有更大的收获和良好的阅读体验，我还将很多实用方法进行了图解。**在此过程中，尤其要感谢庞晓双、李佳昊等小伙伴为整理书稿付出的辛苦。

我希望能打造一系列人人都用得着的社交工具书，希望它能成为你的转运之作，希望你无论过去是什么角色，都可以通过这些社交功夫实现逆袭，也希望你跟人打交道时无论遇到什么难题，都可以从此书中找到相应的答案。**希望能帮你做到：一册在手，社交无忧！**

当然，再诚挚的愿景，也难免有不尽如人意的地方，欢迎您在阅读过程中多多批评指正，有任何宝贵意见都可以在首页找到我们进行反馈，希望我们可以一起将这套书的内容不断优化，打磨得越来越好。

说在最后：无论你身份角色有哪些变化，自身有哪些目的，**你本色中的真善美永远是你恒久发挥社交威力的基石。所以，愿你内外兼修，成为真正有魅力的"万人迷"！**

卢战卡

2021 年 3 月

目 录 I

CHAPTER 3

第三篇 / 好口才从修炼内功开始

CHAPTER 4

第四篇 / 公开演讲是练习的最好方式

第一篇

CHAPTER 1

沟通是
社交的基础

01 | 听功：倾听的"三四五六"原则

　　我们先从"听"的繁体字"聽"来做些交流，把"聽"拆解一下，左右两侧分别就是"耳听为王"和"十目一心"，合在一起就是"十目一心耳为王"。"十目"就是在提醒我们，善听之人要善于多方面、多角度地用眼观察，"一心"就是在提醒我们，善听之人往往还要做到专注、专一地体悟对方的真实意思，合在一起就是：只有这样的听者，才是人际交往中的王者。对方表达或没表达出来的，我全知道，那我自然知道该怎么更好地跟对方相处。

　　著名媒体人柴静也曾说过："我打破沉默的方法就是忘记自己，去倾听他人心底的沉默。"对于一名优秀的记者而言，想要呈现打动人心的真实，除了要能听到真实、看到真实，更要能用心体悟所有看不到也听不到的真实。这不一定是倾听的最高标准，但也许是倾听的最好诠释——你没说，我已懂。

　　在这个世界上，每个人都是一个中心，即使再平凡，人人也都有自己的自重感。所以，在我们与人交往的过程中，往往需要以对方为中心，只要你能用你的方式让对方感觉到被重视，对方爽了，你就赢了。**而倾听呢，恰恰是表达对对方重视的最好手段之一。**可是我们真的会听吗？听的最高境界是能听出别人没说出的话，这是**社会化程度高的表现**。

　　● 这儿有一道常被引用的职场听力题，不妨先测试一下自己的听功水平

　　第一题　假设一种场景，你是职场小白，上司花 20 万年薪雇你来当高管。你在七楼办公，老板在十楼办公，老板突然给你

办公室打来电话问："小白，忙不忙？"请问：你该回答"忙"，还是"不忙"呢？

误区困扰：

你若回答"不忙"，那可能会给上司造成错觉——"一打电话就不忙，明显浪费我发的工钱。"

你若回答"忙"，上司可能想："难道就不知道我找你有事吗？一打电话你就忙，明显不把我放眼里。"

"忙"或"不忙"都不对，那么到底该如何回答呢？

恰当解法：

首先你要搞清楚，领导日理万机还专门给你打电话，会关心你忙不忙吗？不关心！他肯定是有事找你，问你"忙不忙"只是在客气地给你暗示——在电话里不方便私聊，需要你过去一下。能听出这层意思，你只需回一句"领导，我立刻到"，就可以了。

第二题 你挂掉电话，推开房门，来到电梯，恰逢电梯坏了，而你与老板的办公室相差三个楼层。于是你呼哧呼哧爬到十楼，推开老板房门时还气喘吁吁，"老板，什么事？"老板看了一眼刚进来谈事的两位陌生人，再看一眼你，说了一句："小白，阳台上的花给我浇浇吧。"你作为年薪20万的高管，这花你是浇还是不浇？

误区困扰：

要是浇，你浇完就可以下岗了，为什么？公司给你那份钱是为了让你干这活的吗？要是不浇，那更可以下岗了，因为明显不给领导面子。所以，浇不对，不浇也不对，站那儿傻愣着更是不对。

恰当解法：

此刻又该如何反应？这又得看你到底会不会倾听了。领导让你做一件不符合你身份的事，这就是在暗示你，现在有外人不方便私聊了，让你暂时回避一下。所以，浇花只是个托词，但你又不能不接招，也不能亲自去干不该干的事。这时你只需回一句："明白，领导。"先给领导个台阶，再把这事交给下属做，等陌生人出来，你再进去就可以了。

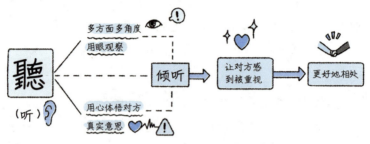

"聽"字的拆解：十目一心方能耳听为王

对江湖老油条而言，这些都根本不是问题；而现实职场中，有太多的职场小白总是困在这些情景考验的误区里。

原因何在？就是听的功夫不到家！想让自己在各种场合都会听，那就得知道**倾听的 3 重境界**。

倾听的 3 重境界

第一重境界——用耳听

用耳听，这是一种被动式、执行式倾听。就是指只用耳朵被动接收，缺乏对其他信息的观察和对深层意思的理解、分析与反馈，只知道听话照做。用耳不用心，难以让人放心。

第二重境界——用眼听

用眼听，我把它叫作主动式、观察式倾听。就是不仅要听对方说什么，还要看对方怎么说。对方说话时，除了信息内容外，声音、表情和肢体语言往往更能传情达意，因为任何人都难以掩饰因情绪波动而表现出来的微表情和肢体语言。比如说搓麻将，对方抓了张好牌，却故意说："唉，完了完了！"其实这时你不需要听他说了什么，看桌子底下他的双脚在欢快地抖动，就能知道，他在用语言迷惑你。

第三重境界——用心听

用心听，我把它叫作互动式、揣摩式倾听。揣摩"上"意，是我们每一位职场人都需要的一项能力，想培养跟领导或他人的默契和信任，就需要你用心听。根据对方的立场、目的，以及你观察到的其他表现，来理解你听到的每一句话背后的真意，在此基础上的互动反馈，才会给对方如遇知音的神交效果。所谓"听话听声，锣鼓听音"，就是在提醒我们要提升人际交往敏感度，善于揣摩别人的言外之意、弦外之音。

● **情景题再试：老板要你帮他排个版，你会怎么做？**

大多数人处于第一重境界，老板说什么，我便去做什么。老板指令一落，自己就开始根据自己的排版常识给老板做，做完交上去了还要遭一顿骂。这样不带思考地听话照做，往往会被说没脑子，这就是只用耳听的结局。

用眼听，就是接到领导指令时，会观察了解领导急不急、在不在意、有没有什么特别要求等，甚至还会找几份领导用过的不同风格的排版文件来比对参考，做出一份领导还算满意的答卷。

但是"满意"≠"打动"，如何做一份打动领导的答卷呢？这就需要你用心体会领导让你排版的目的是什么，简单来说，就是摸透"上"意，才能超越期望。假如了解到老板让你排版是为了跟合作方谈判用，那你就想办法做到在方案展示时显得专业，同时你若还能找更多有利于领导谈合作的备份资料和工具的话，相信下一个涨工资的就是你。

总之，**听人说话，不仅要用耳听，还要注重用眼观察，用心感受。** 当你随时能做到感同身受时，你自然能影响其他人。因为沟通的终极目的，就是让对方感觉良好，感觉好了，一切都无所谓；感觉不对，一切都不对。

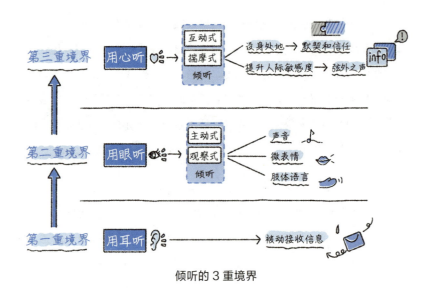

倾听的 3 重境界

对一个交际高手最大的考验，就是能不能随时随地把最好的感觉传递给所有人。为了做到这些，你必须强化自己的倾听者思维。

倾听者思维的 4 个关键

倾听者思维有 4 个关键，他们分别是：**积极主动、开放心态、捕捉主干、重点交互。**

因为真正的倾听者思维，不是单纯地接受式静听，而是积极地以开放的心态去捕捉发言者的思想和观点，并有意识地对其重点信息进行分析和思考，从而以重点突出的方式回应交互。

上面这段对于"倾听者思维"的解释，已经把倾听的 4 个关键都囊括进去了，在此我再次重点强调一下：

· 倾听需要积极主动，而不是消极被动；

· 倾听需要开放心态，而不是封闭心态或先入为主的有成见的心态；

· 倾听需要删繁就简地把握对方的主要思路，而不是缺乏归纳地无止境接收；

· 倾听还需要重点突出地交互回应，而不是啰唆冗长、废话连篇，甚至自我陶醉地非正面回应。

尤其要强调的是最后一点——**"重点交互"**，因为每个人听别人反馈信息都有耐心极限，超过了这个阈值就会起负面作用，就像历史上有名的"朱元璋暴打茹太素"一样。

● 朱元璋暴打茹太素

茹太素担任明朝刑部侍郎时，有一次给朱元璋上奏折，准备了 17000 字。朱元璋让中书郎念给他听，都念到 6300 多字了，还是不知道茹太素要说啥，于是下令将他狠揍了一顿。后又读到 16500 字，还没听出个所以然，直到最后 500 字，朱元璋才听出确实实用的几条建议，而那时的茹太素已经被打得皮开肉绽了。本来 500 字就能说明白的事，却用了 17000 字，最后落得这样一个下场，这就是不懂得重点交互的后果。

不能用最快的时间让人听懂，不仅是在浪费别人的时间，同时也是对自己段位的抹黑。除此之外，为了更良性地交流，你还要懂得一些倾听的忌讳。

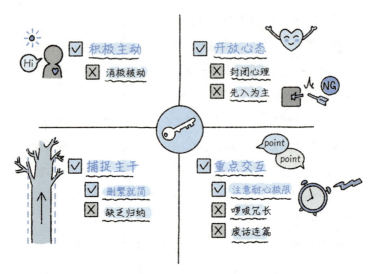

倾听者思维的 4 个关键

破坏和谐的 5 种忌讳

1. 插嘴打断

在没什么误解时，**不要轻易插嘴打断别人，哪怕是很认同对方的说法**，也不要夸张地张嘴说："对对对！是是……"因为你哪怕只是一个很肯定的发声，也有可能会打断对方的表达思路，你如果实在控制不住你的仰慕之情，可以大幅度地点头微笑。

2. 急于回应

在听完别人的阐述，或是听到别人的问话，急于直接回应的人，往往会给别人留下轻浮、不成熟的印象。为了让别人感觉到你的成熟稳重，**在回应之前先停顿两三秒**，这既给别人一种是经过思考而回应的感觉，又能让人感受到你风格上的节奏感和稳重度。其实你琢磨一下，哪个大人物说话是急躁的？回应时停顿一下，看似慢半拍，实则是有节奏感的表现。

3. 回应跑题

有些人在听人说话时，自作聪明地边听边组织下面的应对语言。如果没能充分接收对方的信息，哪怕你接下来说得再华丽，也不会受人欢迎，因为你没做到"以对方为中心"。以自我为中心的回应表达，往往会让对方抗拒。所以，**在听人说话时，要相信答案早在心中，只需认真地听下去，充分的信息会帮你给出更好的回应。**

4. 妄下评论

每个人都有"自传式反应"，我们在聆听的时候，比较容易根据自己过去的经历，自以为是地拿自己的行为与动机去衡量别人的行为与动机，误解往往就从这里产生。没有人会喜欢别人对自己不加理解地定性评价，尤其是没有根据的偏见或成见。所以，请牢记伟人给我们的忠告——**没有调查就没有发言权**。想给予有效评论，就要建立在专注倾听、充分挖掘的基础上，因为并不是所有人的经历和思想都是一样的。

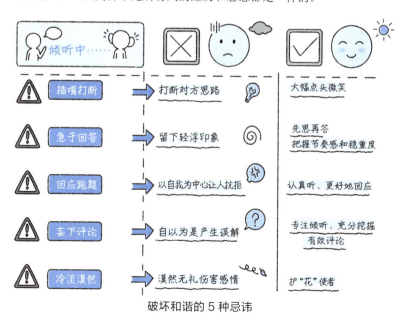

破坏和谐的 5 种忌讳

5. 冷淡漠然

人为什么不喜欢对牛弹琴？我认为，除了因为牛不能理解自己弹琴的情感和寓意之外，还有一点，就是牛的无视，你弹得那么忘情，它都不正脸看你一眼，没错，它只对自己的草料感兴趣。牛的无动于衷，用到人身上，常常就是漠然无礼。

一定要记住：花只有放在懂得欣赏的人面前，才显得美丽。每个人在表达时，都希望自己是一朵受重视、受欢迎的花，所以，在他人表达时，我们就负责做绿叶，衬托他们的美丽。否则，你不经意间的某个举动，哪怕是低头看个手机，都有可能伤害到对方。

为了让对方感觉更好，我们还要把握好倾听的 6 重内功心法。

倾听的 6 重内功心法

1. 巧记笔记

这是一个很容易拉近感情的倾听技巧，尤其是面对比较有资历的前辈，如果你向他请教问题时，掏出身上备着的小本子和笔，带着一副非常重视甚至虔诚崇拜的表情，把对方每段话里的重点都一一记在本子上，对方会是什么感受？一定很爽，因为在现实生活中并不是每个人都这么专注认真地听他说话。

记笔记就像一个重视对方谈话的仪式，在你虔诚认真地记下第一笔的那一刻，仿佛在向对方暗示这些话在你这里就如同语录一般，说不定你让对方感觉良好之后，他会把自己的不传绝学分享给你，那你可就赚大了。

当然记笔记不纯粹为了表现自己的谦虚，更重要的是好记性不如烂笔头，一味倾听很可能落下很多重要的事情。

2. 及时确认

老板向你交代任务或者传授方法时，起始阶段不能全部理解很正常。

这种情况下你很容易产生落后于人的紧张感，此时最忌讳不懂装懂，没有明白老板的意思便私自做出决策，既损害了公司利益，自己也好不到哪儿去，这就得不偿失了。所以，一定要及时确认。否则，很容易加深误解，影响工作效率。

比如，领导说："通知一下大家，要开个临时会议。"那么作为新人，至少要明确通知哪些人？什么时候开会？开什么会？在哪个地方开？再比如，领导说："你就×××产品给我做一个市场分析，越快越好。"那么作为新人，至少要明确，这个越快越好是多快多好？市场分析是分析哪个部分？当然，带着理解揣摩去确认，并且是一次性确认，才不致招人烦。

3. 注视社交区

根据关系的亲疏远近，社交区一般情况下有 3 个，如下图所示。

（1）**威严社交区**：从额头上中到两眉外侧形成的正三角社交区，叫威严社交区。

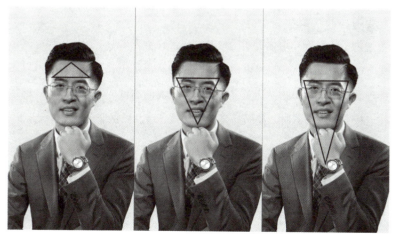

威严社交区　　　　　　正常社交区　　　　　　亲密社交区

（2）**正常社交区**：从两眉外侧到嘴之间的倒三角社交区，是正常社交区。

（3）**亲密社交区**：从两眉外侧到胸之间的长三角社交区，是亲密社交区。

我们为了与人建立信赖感，更常用的是倒三角的正常社交区，指的是在与人交流时，不要一直盯着对方的眼睛，在整个社交区里互动是最恰当的。另外，再教大家一个小技巧，想与人建立亲近、信赖的感觉，见人时你的眉毛可以轻轻挑一下，就好像跟别人打了个招呼，因为挑眉代表顺从，低眉代表威严。所以，大家不妨锻炼一下眉毛的灵活度。

4. 选择位置

为了建立信赖感并集中对方的精力，与人交流时我们的位置需注意：一是最好坐在对方的安全区，一般都在对方的右前方，这样你在做笔记时，对方可清晰地看到你记的内容；二是封闭对方的视线，比如你面对着门而对方背对着门，有利于对方集中注意力，不让无关的东西干扰他的思路。

5. 听后复述

为了让对方知道你听懂了他的意思，在听完之后，按你的理解复述对方的意思以确认，也可以用"你刚才的意思是……""我可不可以这样理解……"等口吻，让对方在你谦虚认真的态度之下感觉良好。通常在老板交代完任务时，秘书都会简单复述一遍，以保证自己理解无误。

6. 鼓励式回应

如果你想听对方发表更多的言论，可以用"真不错，还有呢"激励对方多表达。

这是一句很有魔性效果的话题引导语。因为每个人都有倾谈的欲望，所以愿意倾听的人就很稀缺了。世界上有很多人根本听不进去别人说话，

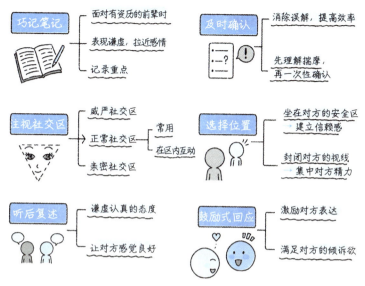

倾听的 6 重内功心法

别人还没说完的时候，就匆匆忙忙地打断别人，不要忘记沟通的终极目的是让对方感觉良好，学会倾听往往比高谈阔论更能征服人。

正所谓：善听者，方善行于天下。当然，神功练成不是一朝一夕的事，同样一套功夫，内功不同的人使用起来差距也很大，缩小差距的唯一方式就是：练！练！练！当上述功夫提醒不能满足你的需求时，你就需要更加高深的功夫。欢迎关注我的微信公众号"卢战卡"继续学习，或收听我在喜马拉雅的专栏《成为交际高手的72套功夫》，做补充学习。愿本节所讲的听功的三境界、四关键、五忌讳和六心法，简称"三四五六"，在工作生活中的不同场合都能对你有用，帮你成为人见人爱的交际高手！

02 | 问功：提问有四种策略

世界上善于沟通的人，往往都是善于问问题的人。

曾经有一个"问题大师"，喜欢用提问的形式进行教育活动。他用讨论问题的方式与人交谈，但不把结论直接告诉对方，而是指出问题所在，并一步步引导人最后得出正确的结论。他独具特色的提问式教育，至少成就了两位大哲学家：柏拉图与亚里士多德。这位善于提问的大师，就是苏格拉底，人们把他用问题启发人的教育方式总结为**"苏格拉底式提问"**。

● 一位名叫欧谛德谟的青年，一心想当政治家，为帮助这位青年认清正义与非正义的问题，苏格拉底运用启发式提问和这位青年进行了下面的对话：

问：虚伪应归于哪一类？

答：应归入非正义类。

问：偷盗、欺骗、奴役等应归入哪一类？

答：非正义类。

问：如果一个将军惩罚那些极大地损害了其国家利益的敌人，并奴役他们，这能说是非正义吗？

答：不能。

问：如果他偷走了敌人的财物或在作战中欺骗了敌人，这种行为该怎么看呢？

答：这当然正确，我所说的非正义是指欺骗朋友。

苏格拉底：那好吧，我们就专门讨论朋友间的问题。假如一位将军所统率的军队已经丧失了士气，精神面临崩溃，他欺骗士兵说援军马上就到，从而鼓舞起士兵斗志取得胜利，这种行为该如何理解？

答：应算是正义的。

问：如果一个孩子有病不肯吃药，父亲骗他说：这很好吃，哄他吃下去了，结果治好了病，这种行为该属于哪一类呢？

答：应属于正义类。

苏格拉底仍不罢休，又问：如果一个人发了疯，他的朋友怕他自杀，偷走了他的刀子和利器，这种偷盗行为是正义的吗？

答：是，也应属于这一类。

问：你不是认为朋友之间不能欺骗吗？

欧谛德谟：请允许我收回我刚才说过的话。

从这一段生动的对话可以看出，苏格拉底启发式教学的特点就是：**抓住现象背后的逻辑，启发诱导，层层分析，步步深入，最后通过提问让对方导出正确的结论。**

同样的启发式提问方法，若能用在说服客户、征服面试官、打赢官司、搞定投资人、打动领导、教育孩子等场景，势必也会事半功倍。

高质量的提问，往往更容易让对方暴露真实想法，甚至精神紧张、失去气场，从而让你更容易抓住机会，实现说服目的。其实，在很多商务场合，一个好的提问，往往胜过千百个自我评断，比如谈判、会晤等场合，启发别人说出更多对你有利的信息才是目的，尤其是一段带有引导作用的高质量提问，往往更容易让对方对你的说服理念欣然接受。

在学习提问的功夫之前，我们先来了解一下提问的 3 个作用。**问话能起到作用，才不叫废话。**那通常情况下，问话要起到哪些作用呢？

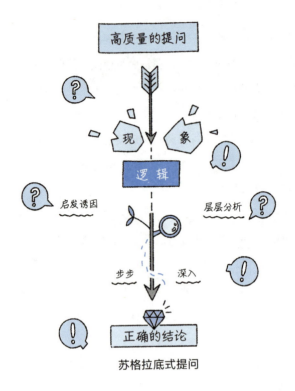

苏格拉底式提问

提问要起到的 3 种作用

1. 获信息

如果你会提问，往往会让对方说得很多，对方说得越多，你掌握的有用信息就越多，你与对方打交道就越游刃有余。同时，通过提问获取够用的信息，也是你与对方快速建立信赖感的重要前提。前面提到过恰当地鼓励式回应可以激发对方倾吐的欲望，善于提问也能达到同样的目的。

杨澜，著名主持人，也曾是一名成功的记者，被她采访过的名人数不胜数，很多高规格访谈，都将她的座位安排在第一排，因为她提出的问题比其他人的更有价值，基辛格甚至点名要杨澜采访他。她总能通过提问就掌握到足够多的背景资料，从而可以轻松做到从一个点迁移到一张有关联的网去聊天。

2. 控主动

因为提问是很好的转移对方注意力的方式，更何况你通过提问，可以更加了解对方，真正做到知己知彼。在这种情况下，你一定是在对话中占优势的，并且你是很容易带动话题的，因为你了解足够多对方的信息，可以随机拿一个信息去引导话题的走向。

3. 让他说

一般情况下，凡是你直接告诉对方的，对方都不会很重视，那对方会对什么言论坚信不疑呢？那就是他无法回避的自言自说的一些理论。

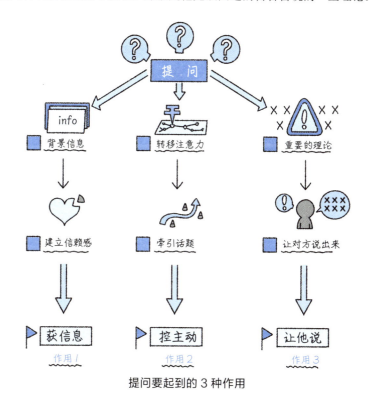

提问要起到的 3 种作用

这3个用途不难掌握，除此之外，你还需要好好领悟提问的4个策略，这是很多销售精英都会专业训练的4个功法。

提问的4个策略

策略1：问简单或容易回答的问题

因为简单或容易回答的问题，往往更容易立刻抓住人的注意力，由浅入深的问话节奏也更容易让对方逐步打开心门，尤其是面对陌生人搭讪，简单的问题，往往是很不错的开局。

策略2：由小及大地提问

我们在向人提问的过程中不要一上来就问非常敏感、非常大的、让对方难以接受的问题，我们要先问一些简单容易、根本不用走脑思考的问题，这样会降低沟通难度，也有利于打开场面。如果感情没到位，就直接跟对方说"嫁给我，好吗？"一定会吓跑对方；而换种说法"既然不忙，一起喝杯咖啡吧"，哪怕得到的只是小肯定，只要有一定积累，都可以让你水到渠成地得到大回应。

策略3：问之前要想好答案

在你想做引导之前，如果没有想好答案，不要随便发问。如果问的问题没提前过滤，对方的回答竟不是你所想要的答案，这样容易尴尬，也很难按照自己的预想沟通下去，最终也很难实现相谈甚欢或交易的目的。

策略4：问没有抗拒点的问题

我们要想办法跟对方保持良性的提问互动，一旦涉及对方敏感或者抗拒的问题，你应该及时地去掉转回来，善于圆场，通过一些对方不抗拒的、简单易答的问题，再次拉近对方跟你之间的感情，只要对方不断地参与配合、与你良性互动，你们之间的感情就会更近一步，感觉好了，一切就好了。

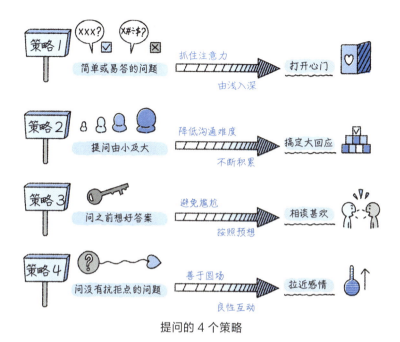

提问的 4 个策略

在此基础上，你还要搞懂提问在沟通中的最佳方案和 2 种模式，用来搭配这套功夫。

最佳方案和 2 种模式

1. 沟通时间分配的最佳方案

千万不要认为一个口若悬河的人就是交际高手，其实真正的高手往往都是少说善问的。

有相关调研显示，凡是善于交际的人，在与他人沟通的整个过程中，倾向的时间分配比例往往是这样的：**让对方说 70%，自己说 30%，而自己说的 30% 中，问问题占 70%。**

由此可见，少说且又多问，乃为上策。即使你做不到这样的标准，至少要有少说多问的意识。为什么要这样分配？很简单，我们在之前的章节提到过，完美沟通的最高境界，是让对方感觉良好。通过有效的问话，可以让对方充分发挥自己的表达欲。

2. 两种主流的提问方式

就算了解了沟通中的最佳时间分配比例，你可能仍然会问：到底该怎么提问呢？其实主流的提问有两种模式，开放式提问和封闭式提问。

"吃了吗？"这就是封闭式问题，答案是在已知范围内的，要么吃了，要么没吃。

"想吃点什么？"这就是开放式问题，答案是未知的。

我们平时与人交往，应该多问开放式问题还是封闭式问题呢？

一般而言，**自己说的 30% 中，问开放式问题宜占 60%，问封闭式问题宜占 10%，重复对方的表达占 10%，分享自己的内容占 20%。**虽然我们每个人在沟通的过程中，可能不会完全按照这么严谨的分配比例，但我们可以向这方面靠拢，学会多用开放式问题，引导对方说出更多的信息，继而适时地去重复对方的表达，去确认并分享自己所理解的相关内容。

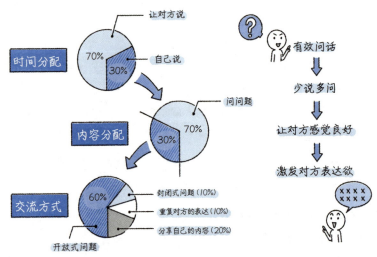

沟通时间分配方案及目的

　　畅销书《失控》的作者凯文·凯利说："每天在网络上面都有 10 亿条回答，在几十年前，可能这些问题根本就没有人能提出来。"目前各个内容创作平台的争夺战愈演愈烈，看看像悟空问答、新浪问答、百度问答等一系列问答平台的激励机制，就能发现，相比过去，有效提问的能力已变成了一种相对稀缺的能力。从某种角度而言，真是"善提问者得天下"。

　　不管是封闭式还是开放式的引导提问，我常常给学员推荐一些猜扑克和词牌接龙等游戏，通过一些方法和工具让我们更容易习得。如果你有需要，可以通过我的今日头条号"跟卢战卡学社交口才"相关视频去学习，以帮助你在提问的实操中往前再迈一步，有进步别忘了通过留言给我分享你的喜悦。

03 | 赞功：赞美的两大前提和五大招数

　　美国心理学之父，曾当选为美国心理学会主席的威廉·詹姆斯说："人性中最深切的禀质，是被人赏识的渴望。"人人都需要被赞美，如同人人都需要吃饭一样。没有饭吃，你的身体会对饮食产生渴望；没有赞美，你会产生精神的失落。**赞美属于精神食粮。**

　　而赞美又最忌讳虚情假意、刻意恭维。赞美技术也分优劣，让人一听就觉得很假或违心的赞美，还不如不赞美。一些刻意明显的赞美，往往很容易让人猜想你是不是另有所图。所以，**赞美要讲究"润物细无声"，嵌入式地表达，潜移默化地恭维**，往往让人更容易接受。

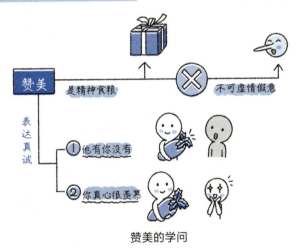

赞美的学问

● **怎么赞美才显得更真诚？**

　　现实生活中，我们很多人都会有一种困扰，赞美别人的时候，不知如何才能显得更真诚。

若想让赞美显得更真诚，一般要符合两个必要条件：

第一个条件：他有你没有。

第二个条件：你真心很羡慕。

只有这两个条件同时具备的时候，夸人才会让人觉得很真诚。

有效赞美的实战技巧

第一招：借助第三方

我们要知道，人们面对别人直接的赞美，多数情况会有防备心，所以，借助第三方去赞美别人时，往往更容易让人接受，也更容易让人感受到真诚，这也算"曲线救国"，让对方感觉良好。

有多方出现的场合，这一招甚至还能让你一箭双雕。比如酒桌上敬酒时，面对合作方老板，你可以这么说："张总，经常听小刘跟我提到您雷厉风行和敢为人先的风格和气魄，从小刘跟我们的对接工作中，我能看得出来，您这是强将手下无弱兵啊，我以后得多向您学习！来，这杯敬您！"你说完这番话，张总一定很舒服，小刘也一定很感激，至于小刘有没有提过张总的风格和气魄，都已经不重要了，借小刘夸张总，收到了一箭双雕的效果。借助第三方赞美，其实是每个职场人都应学会的技巧。

第二招：具体化强调

赞美越具体，会显得越真实。每个人都不太喜欢毫无根据的、空洞的赞美。像"你长得真漂亮、你真帅、你太棒了"这类话，实在是让人兴奋不起来，这些泛泛的赞美有时反而会起反作用。

缺乏事实依据的结论型赞美，往往会显得很肤浅，很难产生走心的效果，这也是赞美"抗药性"提高了的缘故。所以，要想走心，就要挖掘走心的事实。

● 用事实推荐人

如果你向上级推荐一个工作认真的伙伴，你当着上级的面夸你的伙伴："他真的是一个工作很认真的人。"你的上级会有感觉吗？被推荐的伙伴会有感觉吗？有，但都不深，即使你再带感情去说，都没多大用。你可以补充一些具体事实，比如这样说："他是我们部门在数字上极其严苛，连标点符号错误都不放过的死磕侠，我们的校验工作交给他一直是零出错率。"这样一来，被推荐人和上级是不是都会有更真更深的感受？这就是讲具体事实的力量。

● 用事实夸人

有事实才有说服力。你说我很帅，我感受不到，因为没有事实做基础。但你换个说法："我发现你的鼻子也是鹰钩鼻，跟刘德华很像，尤其是侧脸，最帅了。"这感觉就不错，为什么？因为你在陈述事实。

第三招：及时地好评

越及时的赞美越让人印象深刻，越领先的好评往往越有效，越早的赞美越容易让对方有所触动。因为赞美的人越来越多，当事人就会有一定的赞美麻痹反应，对已有的赞美就越来越没有感觉，迟来的赞美就会被湮没，效果被打折，甚至起反作用。

第四招：找冷门期待

找冷门期待就是你在别人经常夸对方的地方，可以想办法避过，夸一些对方还没有免疫的、冷门的、他所期待的地方。

比如说人人都夸她很漂亮，那你再夸漂亮她已经免疫了，她不会有感觉，自然也不会领情，可如果你能够夸她写一手好书法，或夸她的创作能力强，夸她做饭做得好吃，夸她的歌还唱得不错等，这些就是找冷门期待，别人不常夸的地方你去夸，才可以迎合对方的一些相关的期待。

第五招：从否定到肯定

从否定到肯定，可以理解为我们平常所说的欲扬先抑，比如，先让对方紧张、有压力感，再把对方捧起来，通过情绪波澜的制造，让对方被肯定的兴奋感更加深刻。

● 第一式：否定自己，肯定对方

若人分三层，上层人一定是"人捧人高"的。善于发现别人长处的人，通过自嘲自贬、捧高对方的赞美方法，往往更容易取人之长，补己之短。只要相谈甚欢，偶尔拿自己不如对方的地方跟对方去比，制造对比性反差，会让对方有一定的优越感，并且还能让人感受到你的谦卑而不是自卑，那你自然就赢得好人缘。在工作上，使用这招往往会让你更受欢迎。

● 第二式：否定别人，肯定对方

这不是在教你说别人坏话，而是通过巧妙地对比对方和他人，以让对方有优越感或被重视感。

有一次，我在北京理工大学做完演讲后，有一个学生在请教我问题的时候，一再地请我坐下回答，而他则蹲在我旁边，表现得非常谦卑。那时候我跟他说了一句话，为此，他还专门给我发了一条很长的短信，对我夸赞他表达了深深的感谢。我记得当时是这样跟他说的："我遇到过这么多学生向我问问题，但从来没有遇见过像你这样谦虚的学生，尤其是大一的孩子，加油，我看好你呀。"

当我说完这句话，相信对方那种被肯定的情感"噌"的一下就升起来了。这句话中我进行了两重否定，我提到了他在问问题时表现得比别人谦虚，这是否定别人肯定对方，最后又加了一句"尤其是大一的孩子"，我否定了其他大一的孩子，肯定了对方，所以对方的感受会更加的真切，否则那天晚上也不会给我发上千字的短信感谢我。

● **第三式：否定过去，肯定现在**

比如，你假期归来看到老同学的变化，可以这样去评价他："才一个假期，你的见识和成长真是让人刮目相看啊，到底是见过世面的人！"通过这种否定过去、肯定现在的方式，让对方深刻感受到你欣赏他的进步，他感觉一定很爽。

● **第四式：否定一切，肯定对方**

只要不伤害其他关联角色的感受，在某个限定领域内，你强调对方在这方面是你最崇拜、唯一佩服的角色，往往能让对方感觉非常好。

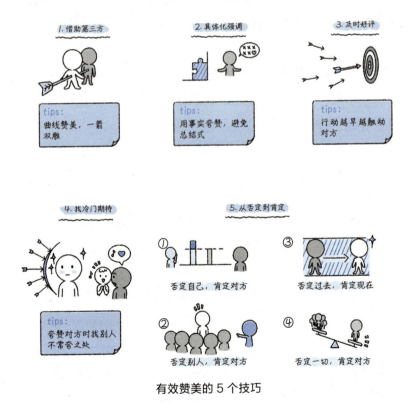

有效赞美的 5 个技巧

比如，当表达对对方的欣赏或者是仰慕时，可以说："在这方面，没人比你更有话语权了！""在某某方面，我最看好的就是你！"或者"在某某方面，我只佩服你！"通过这样的话，强调了对方的重要性或唯一性，这就极大加深了对方被肯定的感觉，对方便会对你印象深刻。

还有一种话术：在过去多长的时间，在什么方面对我人生影响最大的只有两个人，一个是某某某，一个就是你。第一个某某某，往往要是你生命中非常重要的人，这让对方一下子就可以认识到自己的地位竟然这么高，与你生命中最重要的人齐名，对方被肯定的效果会更好一些，这也叫否定一切肯定对方。

人类行为学家约翰·杜威曾说："人类本质里最深远的驱策力就是希望具有重要性，希望被赞美。"每个人都希望被赞美，这种精神需求只能由别人满足。当别人满足你的时候，幸福感随之而来。但如何让别人满足你的需求呢？不如你先去满足别人。只有你善于发现美、欣赏美，才值得去收获美的回馈。

04 ｜控功：掌控局面，有效制约

　　我们难免会遇到一些强势的人、强势的情绪、强势的气场，比如：
女朋友跟你赌气、老板对你大发雷霆、客户质疑你的产品太贵等，在自
己不占优势的情况之下，我们难道就要甘拜下风吗？

　　其实，完全没有必要！只要搞懂别人强势情绪的来源和事态发展演
变的规律，你就知道如何预埋伏笔、如何见招拆招、如何反客为主了。

　　人不能活得太被动，跟熟悉的人在一起更是如此。至少要修炼
到你做了什么就知道对方会有什么反应的程度，你才算能控住气场的
主人。

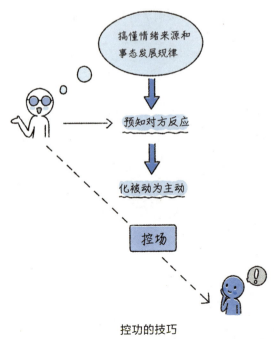

控功的技巧

现实生活中，我们难免会遇到形势不利、甚至难以驾驭的情况，这种时候尤其考验我们化被动为主动的控场能力，即使是在别人生气的情况下，也能有效控制局面的能力。这种功夫，谁不需要呢？当始料未及的事情发生时，因缺少应对方法而失控，往往会让人很焦虑、烦躁，乃至恐惧。

那我们如何让更多的始料未及变成意料之中，让意料之中的危机也能有意外的惊喜？这就需要我们**掌握控功的 3 种应用思维**。希望下面这 3 种思维方法，可以帮你在跟别人打交道的过程中，有效控制别人的强势语言或行为。

掌控局面、有效制约的 3 种应用思维

第一种思维：说在前面

控制局面的第一种思维，就是说在前面。只要出事，多数不是好事，往往都是丑事、坏事，那么，"丑话说前面"就成了我们制约别人给你惹事的尚方宝剑。在对方可能会生气、质疑的地方，提前打招呼或先发制人，往往就可以让对方即使有气也无处可撒。

● 1. 对领导

在职场上，经常会遇到领导对我们大发雷霆的情况，为什么会出现这种现象？常常是因为在规定时间内你没有完成他的期待。那如何变被动为主动，不让他生气呢？

主动预警！就是如果感觉完不成，一定要提前跟领导打招呼，让领导好做其他安排，至少让领导心中有数，对你也不会抱有太高期望而最后失望。

领导最讨厌的就是，你做不到却不提前说出来，到最后才说完不成，让领导无力回天，这种情况，换谁都着急。所以我们常听到这样气急败

坏的骂声："你怎么不早说？"领导的言外之意就是，你早告诉我，我可以不用你啊。

● 2. 对客户

在销售的过程中也常常会遇到客户习惯性的质疑，对方会通过他的质疑去给你施加压力，好让你妥协让步。

比如说常见的一种质疑，"你这个产品太贵了，我见过比这个更便宜的产品！"当别人这样质疑你的产品贵的时候该怎么办呢？在这种情况下你就要提前认同对方，甚至在对方说你产品贵之前，你就先讲个情景故事，比如讲一个曾有人觉得你这个产品贵，但了解后还成为忠实顾客的例子，这种例子就会对对方起到一定制约性影响，至少让对方很难再提产品贵的问题。

你也可以提前说"很多客户第一次接触这个产品的时候也觉得贵，这都是能理解的，连我第一次接触这个产品的时候也觉得贵，但是后来我还是做了这个产品的代理，原来觉得产品贵的那些客户也专门找我采购，我在上个月还因此成了公司的销售冠军。看似贵的反而最便宜，你想知道为什么吗？"用一段听似悖论的话术，让对方好奇地想听下去。只要对方还想往下听，你就有机会把贵的背后逻辑给对方讲透了，让他真正认识到价值，你先提贵，仿佛一下子说中对方的心思，自然能有效控制对方的质疑性强势。

不想让客户先入为主，你要学会先发制人，要把对方可能打压你的话说在前面。这样调整之后就比较容易留住顾客了。如果别人再问产品多少钱的时候，不要轻易报价，只需要先说一句："哦，您看的这款有点贵，不过关键看您需要什么配置了，无论您有什么需求，我们都能为您量身定制，给您最满意的方案！"接下来拿出一张纸一边问需求，一边列方案，便很容易促成交易，因为一切都是根据顾客的需求算出的价格，他不能用一句"贵"就把你打发了吧？

记住，争取一个对方愿意听你说的机会，才有机会证明你的价值，很多对方有可能制约你的问题也随之不攻自破了。

● 3.对恋人

与恋人交往时，承诺若无法实现要提前说，这是不容忽视的情感经营之道。

比如你答应女朋友晚上 7 点钟要跟她见面，但是 7 点钟你到不了，不要等到快 7 点的时候再通知她，要提前足够多的时间去通知她，以表示你对这件事情有多重视，对方才会理解你，就跟职场上提前足够的时间跟领导反映情况是一样的道理。

有事说在前面，打出足够的提前量，往往是重视对方的表现，也往往更容易得到他人的理解。

第二种思维：带看两面

带看两面，就是通过一种两面分析的方式，让别人看到事物利好的一面，从而让对方不至于在不好的一面上过于在意。

● 举例说明

据说成吉思汗曾经攻打两个部落，成功之后娶了两个公主，班师回朝的时候闷闷不乐，因为他是有夫人的人了，不知道回去之后该如何跟夫人交代。当时他身边一位大将说："大汗，我先快马加鞭回去，跟夫人摆平你这个苦恼的问题，你就放心吧！"当时那员大将快马加鞭回到大营，大老远就喊："报——"夫人以为大汗回来了，出来之后发现就一个将军，忙问："怎么你一个人回来了，大汗怎么没回来呢？"这个将军很聪明，略带犹豫地回答："大汗有个好消息，有个坏消息，不知夫人想先听哪个？"

　　夫人一听就好奇了，说："本听说你们都已经攻打部落成功了，怎么还有坏消息呢？不行，还是先听坏消息吧。"这个将军说："大汗攻打部落成功，娶了两个公主。"听完后夫人确实很生气，气得牙根痒痒，突然想到还有一个好消息，就说："你再说好消息吧！"将军竟然说了一样的话："大汗攻打部落成功，娶了两个公主。""嘿，我让你说好消息，你怎么又讲一遍？"听完夫人就急了，这时大将军说："这也是好消息啊。"正是因为这样的一种表述方式，夫人非常好奇："这怎么会是好消息呢？"

　　大将军此时自然就有机会解释了："大汗攻打部落成功，但身负重伤，如果当时没有两个公主及时搭救并悉心照料，大汗可能早已伤情恶化、危在旦夕了，有这样的恩人，这算不算好消息呢？"这样一解释，夫人自然也想开了很多，不管怎样，夫君也算是死里逃生，也确实是个好消息，身为夫人，哪还能计较那么多？

　　这就是带看两面的效果。这招妙就妙在，让你听不懂又想往下听，那就有机会抽丝剥茧把敏感的问题讲明白，当一个人带着好奇心或耐心，看到了问题的两面性或多面性，就不至于像只看到坏的一面时那么情绪化。

　　通过带看两面的方式，还可以提高一个人说话的神秘感和吸引力。比如，在看电视剧的时候，我们经常会遇到这样一种情况，当事人有一个坏消息，至少从常理上讲是坏消息，但为了引起对方的好奇或重视，在讲之前他往往会吞吞吐吐、故作犹豫地说"有一个消息，不知道我当讲不当讲"或"有个事，怕说出来你多想"，往往这样说会让对方更想知道这到底是什么事，那时就可以进一步下个钩子："是因为这件事呢，角度不同性质就不同，它既是好消息又是坏消息。"越这样说对方就越想知道，"那你到底想说什么呢？你快讲吧！"甚至有些时候，在对方越着急的时候，还要得到对方的一个承诺，"如果我讲了请你不要生气噢！"能牵引到这种地步，你已经赢了80%了，在牵引之下，你最后讲出了一个具有两面性的话题，给对方一个分析，那对方听完全面的分析之后，就不至于只看到事情不好的一面。这是一种两面分析、换位牵引的表达思维。

第三种思维：更加在意

在别人在意的地方，如果你表现出更在意的一面，往往会让对方在这方面变得不那么强势，即使是错在你，如果你表现得比对方还要痛恨自己的错误，别人就会更愿意原谅你。

● 举例说明

如果你和女朋友约会，约会的时间、地点都已经订好了，人家提前到了而你却超过约定时间很久才到。你到的时候对方已经不理智了，甚至已经想到分手了，她不会听你任何解释，她认为你的解释都是在瞎编，都是在给自己找借口，在那种情况下你如何去化被动为主动呢？很简单，如果你能在她面前，通过一定的情绪和行为表现出你更不愿看到这种局面，更痛恨自己的爽约行为，那就会出乎对方的意料，让对方的心情受到一定影响。

总之，情绪的病，还需用情绪的药来治，但需要真情实感地更在意才行，否则对方就会觉得你太轻浮。

男人要面子，女人重感受；女人缺乏安全感，男人缺乏尊重感。你搞懂了这些，就应该懂一个私下里不懂照顾女人感受的男人，以及一个在外面不懂顾忌男人面子的女人有多么愚蠢。我在微信公众号"卢战卡"里面发表过一篇文章，叫《你若在意我的在意，我又何必跟你过不去？》。

读后你会发现，很多时候小两口的摩擦，无非都是因"不够在意"而引起的。与其出了事去反向制约，倒不如学会预防，这才是高明的控制。

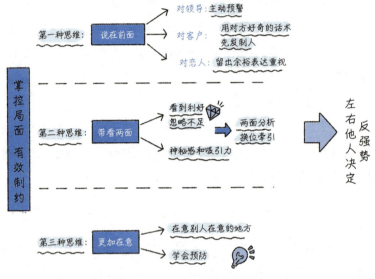

掌控局面、有效制约的 3 种思维

学会掌控局面、有效制约别人的强势，就有可能影响别人的决定，这也是一种反强势。其实反强势也是一种强势，只不过这种强势并不通过剑拔弩张的气势来体现。勤加应用练习这些思维，既可以化险为夷，又可以防患于未然。

05 │ 导功：引导别人，统一异议

众口难调，一向是决策者的难题。甚至连久负盛名的唐宋八大家之一的欧阳修也曾感慨："补仲山之衮，虽曲尽于巧心；和傅说之羹，实难调于众口。"仲山甫是西周名相，傅说是殷商贤臣，尽管这二人有经纬之才，想让人人满意也非易事。

人往高处走，自然没什么错，可是随着地位越来越高、权力越来越大，涉及的人事关系和利益纠纷就会越来越复杂。尤其是民主讨论的时候，我们经常会有意见不一致的情况，比如临近的集体春游计划，到底该怎么定，人越多，分歧越多，集体做决策经常会这样，如果你是这种场合的主要负责人，那你如何才能将大家不一致的意见，统一成一致的意见呢？

这自然离不开统一异议的功夫了。

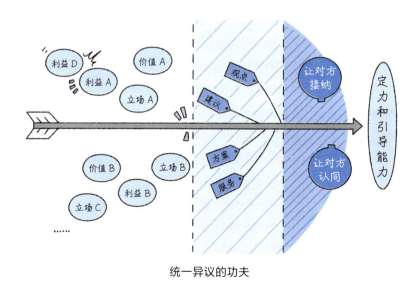

统一异议的功夫

其实，除了面对集体分歧需要导功，人与人之间因价值观不同、立场利益不同，双方交往时也经常会有分歧，让对方接受你的观点、建议、方案、服务，让对方更能接纳你、认同你等，都需要有不错的引导功夫。

人总是在一次次的选择决定中变得越来越有主见，越来越成熟。越是在众人冲突的时候，越是考验我们的定力和引导能力。既然人人都难逃此劫，那就**多掌握点引导的功夫**，让异议"烟消云散"，让自己劫处重生吧。

5招学会引导他人、统一异议

第一招：理念先行

想让对方接受你，**首先要让对方接受你的理念**。如果对方能够与你的理念同步，那对方就更愿意有行为上的同步。销售培训界有一句话，卖产品不是卖产品，而是卖理念；卖服务也不是卖服务，同样是卖理念。所以我们要想让自己的产品、服务、建议、方案更容易被人接受，就最好为此先创造一种对方能接受的理念。下面举例说明。

● 1. 群体引导

假如你和你的大学同学毕业一周年聚会，大家对去哪儿聚餐争论不休。每个人都有自己的意见，有些人想吃西餐，有些人想吃中餐，有些人想吃这个菜系，有些人想吃那个菜系，那在这种情况下你作为班长，该如何统一大家的意见呢？

这种时候，不要急于提具体的方案，因为任何方案都有可能引起一部分人的异议，而是要理念先行！你可以针对某个适合的方案，先创造出一个跟方案对等的理念，让大家通过你的理念认为你说得很在理，那自然会顺着你描述理念的方向，认同你所推荐的方案，甚至大家会根据理念自行找到对应方案。

● **2. 个人引导**

卖产品也是一样，比如说卖保健品，先不要跟对方谈产品功效，而是要先和对方聊健康的理念；卖保险也不要上来就说我的保障有多齐全，而是要先聊风险意识和对家庭成员的责任及爱的理念；卖化妆品不能上来就聊含有哪些成分，而是上来先聊容貌对一个人的影响；卖汽车也是一样道理，不同的汽车品牌特点不同，所以在跟客户聊汽车之前先要了解对方的实力和需求，然后再强调：去哪家买车不重要，重要的是您若真心想实现您的买车目的并解除顾虑，要注意三点。一是什么，二是什么，三是什么。对方听完之后觉得，哟，你说得还真有道理，是应该作为我买车的依据。当对方认同你的理念的时候，对方就会根据你提供的三点去搜索，最后他会找到你家准备好的某某款汽车，因为这款汽车刚好就符合你提的三点理念，这就叫理念引导。

第二招：引用权威

人往往会对权威有一种迷信。要让对方更相信你，更容易接受你，借助权威的佐证和信任背书，往往能起到非常重要的引导作用。

比如，引用名人名言、史书记载、古语、俗语、权威媒体报道，都是通过权威让人信服。在中国演员中我非常喜欢陈道明、王志文这样的"老干部"，不仅仅是因为他们演技好，更是因为他们在很多场景下都可以引经据典，这是一种文化自信，那些引用往往会增加自己说话的分量，提高对方信服的程度，当然，也会提升自己说话的魅力。

你拿权威的人说事，就像拿着鸡毛当令箭，让对方多少有一些担忧、害怕、紧张，从而努力给你反馈或者快速接受你的意见，实现你的引导目的。这也是引用权威的妙处。

第三招：上升格局

说话，是讲究层次和格局的，越显得有高度、有深度、有远度或有角度的话，就越容易影响他人，自然越容易起到引导作用。

如果你能找到不同于别人的说话角度、说话深度或说话高度，再加上一些上升层次的句式，结果就妙不可言了。比如说："什么固然重要，但更重要的是什么""什么无所谓，我们要有所谓的其实应该是什么""你说的固然没错，但我们更应该关注的是什么"等。这些都是上升层次的句式。

比如说，辩论中也经常会涉及引提的技巧，什么叫引提呢？引提就是引导对方走进死胡同之后，你一下子把格局再提上来，把格局提上来之后你并没有从理论上打倒对方，但是你的更高格局的言论得到大家的掌声和欢迎的时候，就已经打击了对方的士气。

● 曾经有一个视频，讲述的是一个美国的律师跟一个小孩的模拟辩论

律师：假设你说巧克力好，我说香草好，那么咱俩展开一段辩论看谁赢？

小孩：可以。

律师：如果我说香草味的冰淇淋是最好吃的，你会说什么？

小孩：不，巧克力味的才是！

律师：如果是这样，那你认为全天下的冰淇淋全都应该做成巧克力味的吗？

小孩：这是最好吃的冰淇淋，我不会买任何其他口味的。

律师：哦，那对你来说只是巧克力了？

小孩：是的，我要的只是巧克力而已。

律师：那我要的可不只是巧克力，同样，我要的也不只是香草，我相信当谈到我们的冰淇淋时，我们需要自主选择的权利。人人都有选择自己喜欢的事物的权利，这就是自由的定义。

虽然最后小孩认为律师的论点并不是他们要讨论的事情，也认为律师并没有说服他香草是最好的，但律师显然已经赢了，因为当律师把"哪个好吃"的话题升级到"自由的定义"时，他就已经赢得了观众。

第四招：双重束缚

我们如何去让对方不拒绝你，如何封锁对方说不的机会呢？很简单的一种方式就是将对错题出成选择题，**用非 A 即 B 的方式，让对方不论选择哪个，都有利于你。**

举一些例子，比如像卖煎饼果子的，不会卖的会问"加不加鸡蛋"，这样问顾客就有否定的选择机会，选择"不加"，他就少赚了鸡蛋钱。而会卖的就会问"加一个蛋还是两个蛋？"还会问"配点豆浆还是粥？"无论选哪个，老板都能多赚一份钱。

鞋服导购员也一样，没有受过专业训练的经常会问一些比较低级的问题："这双鞋您喜欢吗？"给了顾客否定的机会，顾客要说"不喜欢"就没得谈了。而经过专业训练的往往会问："这两双您更喜欢哪双？"这样更容易集中对方的注意力，让对方在这两双之中去想哪双自己更喜欢。

第五招：强势行动

无形之中引导对方，不见得非得用语言，有时候**行动更能够影响对方的判断。**

拿破仑加冕，相信是大家都不陌生的历史故事。拿破仑的政治成就几乎都建立在军事能力之上，作为一个典型的军事领袖，他想要建立帝国，成为皇帝，从骨子里根本看不上教皇那一套婆婆妈妈的加冕流程。所以他在加冕时，直接从教皇手里拿过皇冠，自戴皇冠。他用行动向所有人证明，在他这里，没有权威，他就是权威，他就是主宰。自此，他成为法兰西历史上最有权势的君主，连教皇都要听他的。

其实，无论你做什么，你最好、最应景的行动状态，就是最强有力的引导和表态，即使众口难调，异议众多，也仍然管用。

引导的功夫暂且就跟大家分享到这吧，相信大家通过应用以上方法，足以成为话题的引导者和统一异议的高手了，当你不断演练，直到能随时随地引导人的时候，你就能引导一切了！

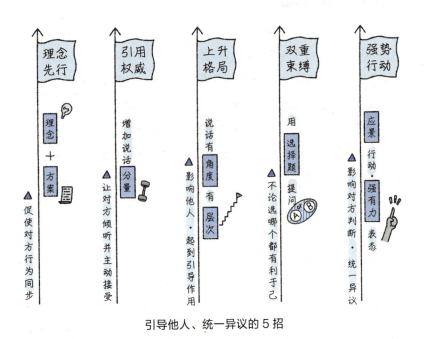

引导他人、统一异议的 5 招

06 | 垫功：铺垫式表达的认同迎合

你身边有没有说话特别直的朋友？他们向别人提要求、说建议、下指令时都是开门见山，直来直去，甚至连求人时都从不打草稿，不顾及别人的感受。

说话是一门艺术，它讲究节奏，讲究分寸，讲究策略。一味直推或灌输式地表达，往往容易招致抗拒，就算对方嘴上不说，感觉也不好。所以，学会打一些基础，做一些铺垫，多一点配合，会让双向沟通更惬意，也会让彼此的交流更健康。

凡事有铺垫，才会显得自然，才会更易让人接受。说话尤其如此。

兰格实验：理由铺垫法

在跟大家聊理由铺垫式表达原理之前，先跟大家分享一个心理学实验。这是哈佛社会心理学家艾伦·兰格，为了测试人类行为中的自动反应模式，而亲自参与的心理学实验。

第一次实验

在图书馆的打印店，很多人排队复印，而她想插队复印几张文件，如果能说出一个看似合理的插队理由，往往绝大部分人都能允许，比如说："真不好意思，能不能帮个忙，因为我实在太赶时间，我只有几页纸，能不能先让我来复印一下？谢谢。"提出要求并说明理由的话，94% 的人愿意让这样的求助者插队，若加上真诚的情绪，别人同意的概率则还会提高。

第二次实验

她尝试着只提要求："真不好意思，我有几页纸要印，能不能让我先来复印一下？"这样说效果就有限了，因为缺乏理由的铺垫，所以，最多只有60%的人答应她的请求。与第一次实验相比，只是缺少了一个理由，成功率就相差这么大，足见理由铺垫多么重要。

依上所述，你会发现，我们在想让别人帮忙的时候，要是能铺垫个理由，成功的概率就会更大一些。

第三次实验

其实，兰格实验并不想如此简单地告诉你这一层原理，她发现，让人产生自动顺从反应的，不见得一定是一个合理性理由，有时句式上加个"因为"，就可能让别人产生自动顺从反应。

比如她做的第三次实验，这次不给合理性理由，只是用"因为"把明显的事实再重复一遍，套用到原来的请求里，比如说："不好意思，我只有几页纸，因为我必须得印点东西，我能先用复印机吗？"这样一来，结果竟然超越所有人预期，93%的人同意了。

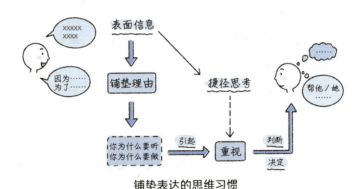

铺垫表达的思维习惯

虽然这个请求没有给出真正的原因，但"因为"的句式启动了人们的捷径思考，就像面对刺激会有条件反射一样，人们听到"因为"，第一反应就觉得是合理的。就像小孩子解释自己的行为时，经常会说"因为……就是因为……"仿佛孩子们从小就能敏锐地察觉到，加上"因为"

的句式对成人很有影响力。从人们捷径思考之下的行为表现，你就会发现，人们不喜欢深度思考，而是习惯于根据表面信息的捷径思考而做判断，尤其在快节奏的今天。

从上面的实验也发现，人们就是单纯喜欢做事有个理由，想让人舒服地听话照做，就要首先铺垫好理由。想驱使人行动，无论是加上目的性的"为了……"，还是原因性的"因为……"，都比不加要好得多。

了解了以上原理，我们就要**养成铺垫式表达的习惯**，想让别人听你说话或按你的要求做事，一定要给一个理由，先让别人意识到为什么要听，他才会重视你说的话；先让别人意识到为什么要做，他才会重视你给的事，甚至把你给的事当成自己的事来操心。

认同和迎合

除了铺垫理由之外，其实还有两个非常重要的铺垫式表达方式，一个叫认同，一个叫迎合。认同就是在别人问完话后，你不要急于发表自己的观点，而是要先认同一下对方的提问再回答。认同对方时，不仅可

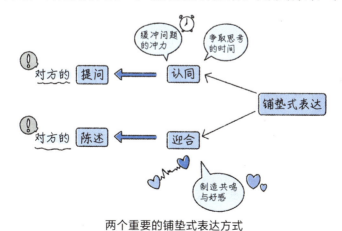

两个重要的铺垫式表达方式

以缓冲别人问题的冲力，也可以争取时间思考。而迎合呢，往往就是在对方以陈述口吻结束时，我们做同步的迎合表达，让对方感受到你与他的相似性而心生好感。所以，我们总结为：他提问，你认同；他陈述，你迎合。

咱们先来聊聊认同铺垫法的 3 个思路。

认同铺垫法的 3 个思路

1. 问得好

问得好就是在别人向你提问时，哪怕是一个尖锐的提问，你也一样可以通过赞美的方式，说"你这个问题问得好"，来缓冲一下对方问题的冲力，同时给自己争取思考的时间。

所以，以后有人问你问题的时候，不要忘记先赞美他。比如对方问你："你们的产品怎么这么贵呢？"你要回答说："张先生你能问出这样的问题，说明您对我们产品和行业有很深的了解，我真的很佩服您的渊博。"先赞美对方，减缓冲力，再说出你想要说的话，往往比直接回答更能映衬出你的修养，取得好的效果。

2. 有代表性

通过强调对方问题多么有代表性，也可以缓和对方问题的冲力，给自己争取时间，产生更好的回应效果。如"你这个问题很有代表性""你这个问题是我们同龄人都比较关注的问题""你这个问题曾经也有别的同学向我问过"等回答方式。

3. 认同感

若对方提出的问题极其尖锐，你也不用惊慌失措，可以先用认同的方式回应，"你这个问题也正是我需要学习的问题""你这个问题确实是一个很难'一刀切'定性的问题"等。这样的铺垫，既缓和了紧张气氛，也能体现风度。若你理清思绪，在接下来的回答中有理有据，不卑不亢，则可化劣势为优势，博得听者的好评。

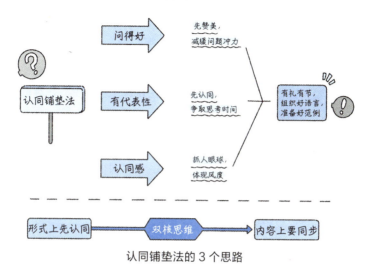

认同铺垫法的 3 个思路

这三种认同思维的应用，相当于在回答别人问题之前，我们先给自己增加铺垫，接下来不管回答得怎么样，都会让对方感觉到你更有礼有节，更易被接受。同时，也确实给自己争取了一定的思考时间，方便自己组织语言，所以我们平常要养成认同的习惯，多准备些认同的范例，不能所有问题问出来，你却只有一句话"你这问题问得好"，那就不合适了。同时，下意识地养成双核思维习惯，形式上先认同，内容上要同步。

除了认同的 3 个思维，迎合也有 3 个应用思维。

迎合的 3 个应用思维

心理学分析，每个人都最喜欢自己，同时对跟自己相似之人会有相惜心理。迎合就是表现得跟别人相似、同步，而让人心生好感的艺术。迎合和阿谀奉承完全是两码事。你可以这样理解，迎合其实就是同理、同感、同经历。同理就是同样的价值观、同样的理念等；同感，就是同样的感受、感觉、情感；同经历，就是有相似的过去。这都是比较不错的迎合方向。

那么迎合的3个思维角度分别是什么呢？

1. 接结论，补事实

举例说明，他说："我头疼。"他在表达一种感受，是对自己身体条件下的一种结论。如果你想跟上他的情绪，可以及时地关心一下事实："是不是发烧了？是不是生病了？是不是昨晚没睡好？"

他说："太热了！"你补充："是啊，天气预报说，都32度了。"他说结论，你补事实。同步的迎合，让人感觉你跟他像一个人一样默契。

2. 接事实，补结论

他说："我发烧了，都39度了。"这是一个事实反映，那你怎么补结论以实现同步呢？你可以说："啊？是不是很难受啊，需不需要上医院啊？"对方在说事实时也希望别人理解他的感受，只不过对方没有

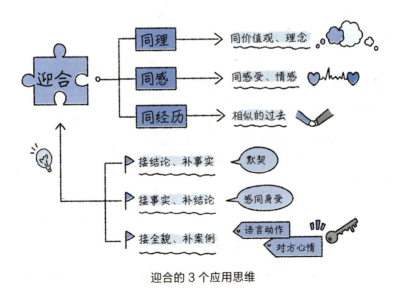

迎合的3个应用思维

说出来，而你说出来，你们俩之间的感情就会更近一步。因为他觉得你更能理解他，更能感同身受。

3.接全貌，补案例

为什么有些人总是能给别人很舒服的感觉？因为他很会这样铺垫式表达，很熟谙这种认同、迎合等承接铺垫法的应用。在此提醒大家，语言动作皆可迎合，关键是要迎合对方心情。我们迎合对方时，不仅仅是表现在自己语言上的同步理解，更是一个整体的、由内而外的、跟对方情绪上的同步迎合。

跟重要人物在一起更要注意，比如陪领导出差或公关，领导说一句话，你却因为不会迎合而接不上，那可就尴尬了。所以，平常就要养成这样的说话习惯。

除了认同和迎合的3个思维应用，最后再给大家介绍9个常用的铺垫式语句，以让你跟人交流时更容易被人接受。

9个常用的铺垫式语句

（1）"那很好，那没关系。"这往往是面对不同观点时，以退为进的铺垫式回应。

（2）"你这个问题问得很好。"上文提过了。

（3）"你讲得很有道理。"对方说完一段话后，你先认同对方讲得很有道理，以实现缓冲，再转接自己的独特观点就行了。

（4）"我理解你的心情。"要慎用，除非你真的很了解对方，因为有些时候你理解不了，就像"女孩的心思你莫要猜。"

（5）"我了解你的意思。"

（6）"我认同你的观点。"

（7）"我尊重你的想法。"

（8）"我感谢你的意见和建议。"

（9）"我知道你这都是为了我好。"

这些都是铺垫语句，是很好的润滑剂，我们只有把这些句式都烂熟于心，养成语言回应的习惯，才会使用出让人舒服的效果。

尤其是第9个，是一个非常有杀伤力的铺垫语句。为什么说这一句话很有杀伤力呢？因为这是一种非常深入人心的同理心表达，尤其在情绪对抗状态下，你突然给对方来这么一句，会显得非常走心。

以上9个黄金铺垫语句，只要你能养成表达习惯，一定会更受人欢迎。

回人一语垫先行，有时候，这一垫就能看出一个人的讲话水平和处世风格。当然，铺垫也不宜盲目，尤其是当你听别人讲你并不懂的领域，千万不要不懂装懂、班门弄斧。所以，要在勤加练习这些方法的同时，多增加知识储备，只有把铺垫变成一种习惯，很多与人的对接合作才会变得顺畅，也会让你与任何人相处起来都感到舒服。

CHAPTER 2

第二篇

说服他人是
提升效率的捷径

07 | 率功：率领动员的三个方面

电影《巴顿将军》中有一段鼓舞士兵士气的片段非常激动人心：

"当今天在座的各位还都是孩子的时候，大家就崇拜弹球冠军、短跑健将、拳击好手和职业球员。美国人热爱胜利者！美国人对失败者从不宽恕！美国人蔑视懦夫！美国人既然参赛，就要赢。我对那种输了还笑的人嗤之以鼻。正因如此，美国人迄今尚未打输过一场战争，将来也不会输。一个真正的美国人，连失败的念头，都会恨之入骨。"

这番动员词，把大家绑定在"美国人"这一集体的高度，仅用几个记忆片段和坚定的结论，便极大地激发了士兵保家卫国、决战沙场的信心与勇气。这就是率领动员的功夫，也就是本节咱们要讲到的率功。

现实生活中，每一个想实现远大理想的人，都需要具备这项优秀领导人必备的能力，因为只有发挥更多人的力量为我所用，才能够达成个人难以完成的目标。

作为一个领导人，哪怕你只是一个创业者，也要举行激励团队的誓师会，或者动员会，这些都需要领导者有率领动员的能力，否则将很难激发大家士气共同完成目标。

为了提高大家率领动员的功夫，以下将从3个方面跟大家分享一些建议。第一方面是率领动员的5个要点，第二方面是危机团建的5个要点，第三方面是运动号召的5个要点。

第一方面：率领动员的 5 个要点

率领动员的时候，什么是我们应该重点强调的呢？

要点 1: 抓愿景

抓愿景就是描绘梦想，是我们领导力非常重要的一种体现。大家对未来有共同的愿景、共同的梦想，才会更容易坚守。任何一个领导者，都应该具备一种能力，就是筑梦能力。因为只有大家跟你有共同的梦想，才能够跟你一起坚持。比如马云、牛根生，即使是在一无所有的时候，他们依然能够给很多的人筑梦！同时，抓愿景还要接地气，没有可行性，只是空谈梦想，就会让人觉得像忽悠。

要点 2: 抓意义

人都受价值驱动，在大家想不到的高度、想不到的角度、想不到的深度、想不到的远度上去强调多重意义和价值，讲出大家不知道的层次，大家就会更信服你，自然就会愿意听取你的意见、服从你的指挥。

要点 3: 抓危机

共同的危机能让大家更团结，更愿意合作。值得一提的是，危机不仅可以是针对个人利益的侵害，也可以是针对集体利益的威胁，但压力产生动力，很多时候动力真就是被逼出来的，这一点在很多企业的淘汰惩罚制度上都有所体现。

要点 4: 抓荣辱

一个在集体中做事情的人，多少都是有荣辱心的，都希望建功立业、衣锦还乡、光宗耀祖，混得不好，都自觉无脸面对江东父老。只要身处在一个集体中，每个人都不希望自己是弱者，所以我们要学会激发大家的荣辱心。一个为荣耀而战、为信仰而战的团队，是最可怕的。

抓荣辱尤其要针对那些一直没有太好表现的伙伴，如果你感觉他们是态度问题，那你可以使用激将法来调动。比如针对这些人你就可以说，"在我们的团队里为什么有些人屡获战功，而有些人一直趴在后面？如果你想在团队中得到别人的尊重，甚至团队解散了还能够得到其他人的尊重，那请你想办法抓住机会，建功立业，让所有人以你为荣，那才是你应有的作风。"

优秀的领导者善于通过抓荣辱激励不同的人，充分发挥出团队每一个人的力量。

要点 5：抓文化

任何一家企业只有具备良好的企业文化，才可能达到理想的引导或约束效果。因为文化往往是更高层次的，具有一定的驱动能力甚至道德约束能力，比如说一些企业的创业文化强调的是狼性文化，还有一些强调苦乐文化、责任文化等，不同的企业，强调方式以及重点都不太一样，但都需要把文化深入人心。这样就可以靠文化调动所有人最积极的一面。

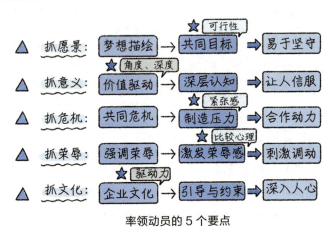

率领动员的 5 个要点

第二方面：危机团建的 5 个要点

如果团队出现了危机，我们该如何团建，该如何想办法化危机为转机呢？我想跟大家分享两段视频，其中一段来自《孤芳不自赏》，另一段来自《芈月传》。

《孤芳不自赏》中有一集，楚北捷为了救白娉婷要发动举国之兵攻打白澜，但是他自己团队有些内讧，有人甚至直言"凭什么为了救回他老婆让我们在前线沙场抛头颅洒热血呢？"下边将领们为此都打起架来了，这时楚北捷从军帐走出来跟大家说了几句话，就把人心全部都收回来了。

接下来说一下《芈月传》中的片段，几名大将扮成刺客想要谋害芈月，没有成功，被抓了起来，对整个军队造成了很大的影响，连最高统领都无法激发大家的士气，芈月作为秦国太后出来面对三军将士，仅用 5 分钟演讲就把所有人的士气调动起来了，所有人都在喊："太后！太后！太后！"芈月到底是怎么化危机为转机的呢？

她具体是怎么做到的，我们现实生活中应该怎样学习？在回答之前，先说一下危机团建的 5 个要点，然后基于这 5 个要点去分析这两段视频：①陈述历程，表明立场；②换位模拟，表示理解；③认同想法，提醒做法；④表达决心，公众承诺；⑤反问承诺，表达信心。

要点 1：陈述历程，表明立场

先行坦诚表态，说明初衷和经过，不仅容易让人了解更多真相，更能让人感受到真诚。楚北捷处理内讧就使用了这个方法，上来就说："我知道，你们今天跟我楚北捷出来，你们也都有自己的妻子，也都有自己的家庭，以前我带你们打仗，打仗的时候我对你们……打仗之后我对你们又……"这就是陈述历程，表明立场，用事实说明我楚北捷从不亏待自己的兄弟，并且是有情有义之人，引发情感共鸣。

要点 2：换位模拟，表示理解

接下来换位模拟，表示理解，就是"我也知道你们都有老小，我发动战争为了救我妻子，无论如何我都会坚持下去，你们当然可以有自己的选择。"

要点3：认同想法，提醒做法

相比而言，两段视频中芈月做得更彻底，她不仅做到了陈述历程表明立场，对对方的行为进行了重新解释，还做到了第三点，认同想法，提醒做法。

看她怎么说："你们也不情愿、也不想实行新法，是吗？为何你们站在了靠祖上余荫吃饭的旧族那边，自愿成为他们的鹰犬，助纣为虐，使得他们随心所欲、胡作非为，使得商君之法不得推行，使得兄弟相残、私斗成风？你们的忠诚，不献给能够为你们提供公平、军功、荣耀的君王，却给了那些对你们作威作福、只能赏给你们残渣剩饭的旧族们，是吗？"

意在暗示"如果真的恢复了旧制，你们以后只是吃老贵族的残羹冷炙，自己也不能封官封侯，就算把我害了，你们的作为在这种受蒙蔽的情况下，难道就可以得到好结果吗？所以你们的想法倒不错，但是做法真的对吗？"

这种说服思路往往会让对方更容易发现问题，所以我们在危机团建的时候，劝解人一定要记住一个原则，就是肯定对方动机，然后改进对方做法，因为任何人的动机都是可以理解的，只是他的做法不见得是最有效的，所以我们要认同想法，提醒做法。

要点4：表达决心，公众承诺

楚北捷这一步做得不错："你们也不一定非要跟着我，如果你今天想走，我立刻让你走，想跟着我打仗的，如果战死在沙场，我一定照顾你家里妻儿；如果我不幸战死沙场，希望大家也能代我照顾我的老婆孩子。"这其实也是给大家表明了决心：如果愿意跟我走，我一定不负你。

这就完成了第 4 步，表达决心，公众承诺，最后就是喝酒，歃血盟誓，把大家拉到一条船上。

芈月在表达决心公众承诺的第 4 点上也做得非常出色："从今以后，你们所付出的一切血汗都能够得到回报，任何人触犯秦法都将受到惩处，秦国的一切将是属于你们和你们儿女的。"然后还做出了一系列的梦想描绘："今日我们在秦国推行这样的律例，他日天下就都有可能去推行这样的律例，你们有多少努力就有多少回报，你们可以成为公士、为上造、为不更、为左庶长、为右庶长、为少上造、为大上造、为关内侯，甚至为彻侯，食邑万户。"这都是有条件的梦想描绘，句式相当于"只要你……，你就可以……"但至少通过这些描述，让大家充满了信心。

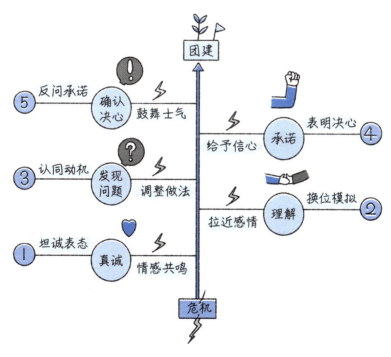

危机团建的 5 个要点

要点 5：反问承诺，表达信心

芈月已经激发了大家的梦想，让所有人看到自己只要努力就一定可以获得那些想要的，最后反问承诺："你们敢不敢去争取，能不能做到？"这时候换得大家的一致欢呼："我们能，我们敢，我们做得到，太后、太后、太后！"最后连丞相都看傻了，三军将士因为她的 5 分钟演讲而士气大振。

这就是危机团建非常经典的案例。如果有时间，希望大家还是好好去看一下这个视频，根据我提供的 5 个要点好好去理解一下，它有效的原因到底在哪里。

第三方面：运动号召的 5 个要点

运动号召就是针对阶段性目标用以激活团队的一种活动形式，多以誓师会的方式开展，意在调动团队完成目标的热情和信心，使团队成员产生志在必得的感觉和动力。那么运动号召有哪 5 个重点呢？①强调意义；②赋予使命；③放大荣辱；④强化危机；⑤宣誓见证。

要点 1：强调意义

要强调这次活动的价值，这次运动的意义，比较重要的关联要点都可以拿来塑造。对我们个人意味着什么？对我们团队意味着什么？对我们的未来意味着什么？对我们的家庭意味着什么？对整个社会或时代又意味着什么？

要点 2：赋予使命

一方面要强调意义，就像政委的工作一样，另一方面还要赋予使命，让所有能够参与到此次作战的人，感受到这次机会，要好好珍惜，认真对待。让大家认识到，我们是做有意义的冒险，我们未来必将因此而被公司铭记，甚至公司上市的那一天，这件事情将会载入公司的史册等。赋予使命感，就是让大家为了未来的愿景拼尽全力。让大家认识到：能够参与这次作战，是一次难得的实现人生价值的机会，就像参加革命，如果革命胜利了，你就是历史功臣。

要点 3：放大荣辱

具象地描述这次事件，成功或是失败会有怎样的结果，成败所致具象化表现一定要到位，成王败寇的说法，才能激励大家全力以赴，简言之就是要放大快乐，加深痛苦。

要点 4：强化危机

说到强化危机，就是借危机把这次行动的必要性再强调一下，让大家认识到，今天这一步是不得不走了，再耽误下去只能是等死，强调这件事情我们不得不做，并且一定要做，还要一次性做好。让大家认识到"不在沉默中爆发，就在沉默中灭亡"。

要点 5：宣誓见证

宣誓盟誓，最早源自春秋时期诸侯或卿大夫为了巩固内部团结、打击敌对势力而举办的一种具有制约作用的礼仪。先挖好一坑，歃血为盟，将盟书与供祭祀用的牲畜埋入坑中，如有违背，便如此牲。

从古至今，宣誓在中国文化中向来都是比较神圣的仪式，此举往往代表了决心和忠诚，意味着不论发生什么，都不容背叛誓言。其实，学医、入伍、入党、入会、入教等，都有宣誓的环节。所以誓师会火候到的话，你也可以带大家宣誓："凡参加此次运动的同志，我们一同在这里见证，为了……，我承诺……"

宣誓的时候，仪式感非常重要，甚至有些时候还需要些江湖气。英雄豪杰摔碗盟誓的场景，估计大家在影视剧里常看到。古代军队誓师动员时，开战前的壮行酒，一饮而尽，摔碗明誓，就代表一往无前、破釜沉舟的决心。如今的企业誓师会只要氛围、情绪到位，主要负责人也可以大喊一声"拿酒来"，给参与者一人送上一杯，跟大家一饮而尽，做个动作，喊个口号，开战！

越有仪式感、越有氛围的宣誓见证，对士气的激励作用就越大。这一点推荐大家观看分析一下《新三国》中袁绍、刘备以及陆逊的誓师会，他们的誓师都做到了强调意义，赋予使命，放大荣辱，强化危机，以及宣誓见证。

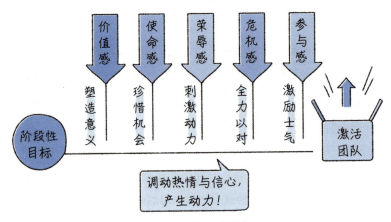

运动号召的 5 个要点

率功从率领动员的 5 个要点，危机团建的 5 个要点，以及运动号召的 5 个要点这 3 个方面给了大家一些方法，我相信这将对你率领动员能力的提升产生帮助，希望你可以在这 3 个方面不断精进，成为一位相当有团队感召力的灵魂人物。

08 | 领功：领导统御，知人善用

若率功是要浴血沙场，那么领功就是统御天下。要说激励士气、破釜沉舟，项羽绝对算英雄典范，而要论雄才大略、知人善用，刘邦自然是更胜一筹。所以，如果说项羽的率功举世无双，那么刘邦的领功也算天下一绝了。真正智慧的领导，什么人都能用其所长，就像刘邦那样，打仗不如韩信，谋划不如张良，理民不如萧何，但他皆能用之，所以他能取天下。

对于创业者或中高层领导干部来说，若没有足够的领袖魅力，没有一定的统御方法，没有一定的用人智慧和带队方式，很难领导一群人去实现目标、共同致富。所以，为了取得个人力量无法完成的巨大成功，我们人人都需要加强领导统御的功夫，简称领功。

在这一节里，我将通过3个方面跟大家聊聊相关的内容。首先第一个方面是领袖魅力的三重修炼，第二个方面是领袖统御的用人之道，第三个方面是智慧领导的4个策略。

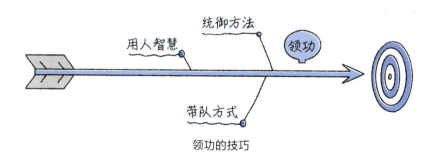

领功的技巧

第一方面：领袖魅力的 3 重修炼

说到领袖魅力，首先它是一种人格魅力的体现，可以让你在群体之中很有影响力，带动更多人自发地跟随你，愿意全力以赴。具体包含 3 个方面。

1. 自信负责

没有人愿意跟随一个屌包去抛头颅、洒热血，有人愿意跟随你，是因为你能给他安全感，能给他带来希望。而安全感从哪来？

首先，你有没有足够的自信干成一件事情？只有你先有自信，别人才会对你有信心。其次，如果有人在跟你拼命努力的过程中出现了失误，你有没有替他担当的能力？问题是考验人性和关系的试金石。你会在关键时刻保护他、替他担责，还是会置他于不顾、抛弃他？这是你能不能持续影响他人的基石。所以我们不仅要有足够的自信影响他人，还要有让功揽责的意识和担当，这是领袖魅力很重要的一点，即自信负责。

自信就是你要像啦啦队队长一样，让所有人感觉到必胜的决心，负责就是让大家能够看到你让功揽过的一面，看到未来的可能性，这就是自信负责。

2. 牺牲奉献

在这里也可以分为两个词，"牺牲"就是在关键时候你能不能做出让步，这样的话才会让别人在跟你混的时候，有一种不会吃亏的感觉。在关键时刻，你愿意为他而舍弃一些好处或机会，你愿意冒险去救他，也是一种牺牲的表现。

"奉献"则是你平常能不能表现出你是干得最多的，最有付出精神的。我身边有很多的创业老板，都是坚持第一个上班，最后一个下班。在这样一种榜样行为的影响下，大家自然也不好意思偷懒，自然也会有所效仿。任何团队的风格，首先源自老大的风格。记得马云曾经说过："我也很想知道是什么让我这么爱工作，但我敢肯定，如果你突然给我放一个月的假，我一定会病倒。"老大都如此，难怪阿里的团队也一直被江湖称道。

任何小聪明都有可能限制人的大智慧、大格局，所以，当老大，不能太计较，受得了委屈、做得了奉献，才能当好老大。想想我们的周恩来总理，他去世时联合国降半旗默哀，全国老百姓为之哀痛，这源于什么？源于他一生都在为全国老百姓无私奉献。

3. 道德情操

领袖往往是从目标和态度起始，以德性和格局善终。真正有道德有情操的人，能够更好地感化人、影响人、团结人。

伟大的修女特蕾莎，从很小的时候，就放弃自己富裕的家庭生活，到印度去帮助底层民众。她的事迹广为流传。后来科索沃战争爆发，当时有一些穷苦老百姓还被困在战区，特蕾莎修女就去告诉指挥官，说战

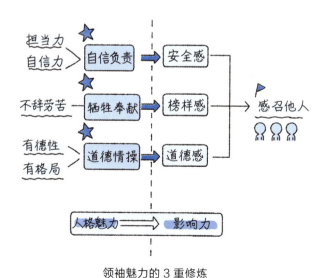

领袖魅力的 3 重修炼

区里有可怜的女人和孩子没有逃出来，希望他们暂时停火。但是指挥官很无奈地对她说："我也想停火啊，但是对方不停，我有什么办法呢？"特雷莎说："那我只好自己过去了。"

特蕾莎走进战区，当双方军队得知特蕾莎修女在战区后，立刻停火，直到特蕾莎修女把所有的女人、孩子和老人都带走后，双方才继续开战。这就是道德情操体现出的人格魅力。

关于领袖魅力方面，以上是给大家提出的 3 点建议。

第二方面：领袖的用人之道

不论你是什么级别的领导，都要善用自己的团队成员。因人而异，用人之长，首先需要的就是你对每个人的充分了解。

我们到底该用什么方法让大家都能发挥他们的主观能动性呢？

你首先要把人进行分类，集体中的任何一个人都可以依据其能力和心态进行分类。能力方面有强的有弱的，心态方面有好的有差的，依据其能力和心态可以将其分到 4 个区间里，分别是：能力强心态好，能力强心态差，能力弱心态好，能力弱心态差。对这 4 类人，分别应该用什么方式领导呢？

区间 1：能力强心态好——授权式

针对能力强心态好的人，你只需要授予他一定的权力，他就可以把事情干好，不需要给他鼓劲，也不需要教他太多方法，因为他会自我鼓劲、自己找方法。

区间 2：能力强心态差——参与式

针对这种人，我们要实行参与式的领导。参与式就是我们要跟对方先进行心态上的沟通，让他从心态上调整过来，直到有足够的干劲，就会自己想方法了。因为他能力强，方法就不用你过多指导，这就是参与式管理。

区间 3：能力弱心态好——告知式

这一种方法叫告知式，是针对能力弱心态好的人的。能力弱就是他自己的能力不足，但是心态确实好，听话，想干，对于这种人我们就只需要告诉他怎么做，让他按照要求做就好了。

区间 4：能力弱心态差——推销式

对这类能力不行心态不积极的人，开除不了，就只能用推销式方法管理，你既要了解对方心态，又得传授对方方法，相当于一次全面的推销工作。

这就是针对 4 种类型的人，我们要采取的 4 种类型的领导方式。

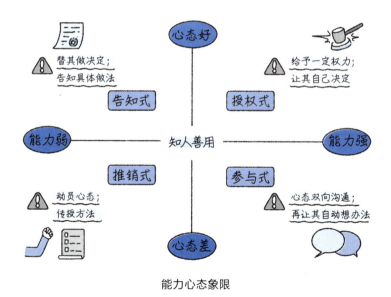

能力心态象限

● 针对领导统御方式，我们总结出两句忠告：

（1）针对能力不够者，重要的事情要替他决定，而不要让他自己做决定。因为他能力不够，很容易把事情搞砸。就像《三国演义》里的马谡，军事指挥的实战能力有限，仅因态度积极，敢立军令状，就动摇了诸葛亮的任命意志。终因违背了"能力不够者，不要让他自己做决定"的原则，让他大意失了街亭。最终为了安抚朝野上下，诸葛亮不得不挥泪斩马谡。其实这件事，也让诸葛亮在用人上有了深刻教训，真是聪明一世糊涂一时。所以能力不够者，不能让他有相关的决定权。

（2）对于心态不好者，我们要注重双向沟通，而不是单向沟通。双向沟通，就是我们要以商量的口吻、平等对话的方式，让对方真正地说心里话，把对方的心态调整到最好。至于能力强的不用给方法，能力弱的，再给点方法就行了，而能力实在不行的则要替他做决定。

第三方面：智慧领导的 4 个策略

所谓智慧领导，就是即使不用太费精力，也能够把团队带好的人。那么智慧领导如何有效地实现自己的无形管理呢？需要 4 个策略。下面我们来一一说明。

1. 表格

表格就是我们要把很多的管理工作，通过表格的形式具体化。大家到底工作得怎么样，通过我们设计的科学化的管理表格，就可以一目了然。在管理动作上，都可以尝试用表格管理来节约精力，因为表格就是一种无形的约束力量。

● **举例 1：工作过程类表格**

它包含了如年计划、季计划、月计划、日计划等相关的进程，通过这类表格，可以看出一个人的阶段性目标以及完成的进程。每个分阶段都可以设计一种管理型表格，比如体现工作量和分段工作进程类的表格等。

● **举例 2：市场信息类表格**

这类表格主要用于业务型部门，一般包括什么呢？比如说竞争对手表、客户信息表以及客户漏斗表。竞争对手表就是我们要了解他对整个市场环境的分析。客户信息表就相当于他的客户档案等信息，这可以看到他的工作认真程度。客户漏斗表，尤其是大客户销售，要了解他跟进大客户的进度，分别都已经到了哪个阶段。

当你把表格设计得很科学带有一定的推演逻辑，有利于观察绩效时，你的工作量就减少了，因为表格是一个最不易谎报军情的显化手段。因为可以让所有人都有所敬畏，表格化管理就可以节约你的大量精力。

2. 随访

不定期地下到一线随下属一起拜访顾客，你就能看到他到底是怎么工作的。身为领导，不能老坐在办公室里，这样倒是省事了，但时间长了，你就会被下属蒙骗。想让下属一直保持敬畏，你就要学会随访，让下属摸不准你的脾气，因为你随时都有可能走到他们身边，扮成小弟，看他开展工作的每一个细节。

做领导，要有一定的质疑精神，因为大家都有一定的畏难情绪，所以你有可能会经常听到下属跟你抱怨，说这个事不好干那个事不好干，客户不好伺候、市场不好开发、区域限制严重等。你坐在办公室里也很难了解真实的情况，所以你要不定期地通过随访看看对方的虚实，你要跟下属一块去面见客户，去了解市场，这样就能发现最真实的问题。所以，做领导，一定要接地气。

关于随访，给大家提2点建议。

● 建议1：居其侧

在和下属随访客户的过程中，切记不要自己占主导作用，而要发挥下属的主导作用，只有这样才有利于你在旁边观察他，发现问题，这叫居其侧。如果你发挥主导作用，以领导的身份带着他去见客户，你就发现不了根本问题。

● 建议2：要多看多问多听多记

居其侧就是为了要多观察，所以你要多看看他和客户到底是如何交往、如何沟通的，有些时候，要多问一些问题，比如问客户之前是怎样跟他了解的，多听他们俩之间的交流。关于下属的一些需要调整的问题，比如你发现他不善倾听、话术不专业、利益呈现能力差等，都不要当场指出，也不要着急自己上，而要耐心地记下来，事后再找下属沟通。你通过这种不定期的随访，不仅可以让下属有足够的紧张感，而且方便你真正发现问题，从一线了解问题的本质。

关于随访就说到这里，第三方面跟大家说说会议。

3. 会议

会议本身是一种很高效的管理手段，会议也是非常容易发现问题并解决问题的一个手段。在这里我重点提两种你要注意的会议类型。

● 类型1：周期性例会

我们在团队目标管理上离不开周期性例会，比如：早例会、晚例会、周例会、月例会、季例会、年例会等。这是实现总结调整的关键，因为我们要根据工作过程中制定的相关目标，总结每阶段目标执行的情况及经验教训，以方便随时调整策略，促成大目标的完成。

● **类型 2：销售例会**

销售例会，往往是销售主导型团队常会采用的一种会议形式。其进行程序一般是：放大好典型以实现群体激励，警示坏现象以遏制不正之风，提供好方法以解决问题之困，分享好消息以提升团队士气。

如果说会议代表用一对多提升效率，那述职就是要通过一对一提升效果。

4. 述职

现实生活中我们很多人的述职并不科学，因为很多人基本上就停留在走马观花、形式主义层面。一群人面对一个人述职，能述好职吗？基本就是在走形式。你想想一个人听多人述职，他得有多少脑袋一时间了解那么多人？一年的情况，5 分钟的述职就算完事了，这能了解透彻吗？不可能。

现实生活中，很多走形式的述职都不是我们应当参考的述职。为了提高你对下属的了解程度，也为了把述职手段用好，给大家提两方面的建议。

建议 1：述职必须要一对一，或者一对多，而不能多对一。一群人给述职人提问题，或领导单独拿出时间给述职人提问题，这样的话，才能让他述职充分，才能够真正发现问题，并且能提出有效建议去解决问题。

建议 2：想要人述职充分，就要有足够的时间，建议让你的成员每个人述职至少要 45 分钟。因为三五分钟的述职实在很难真正发现问题，有足够的时间，才能进行足够深入而全面的交流，才能发现问题并解决问题。

以上就是智慧领导的 4 个策略，从表格、随访，到会议、述职，虽是不同的领导方式，但都能帮助我们在平常团队管理的过程中，有效地节约精力和时间，减少虚假，发现本真，并提高整个团队的效率。

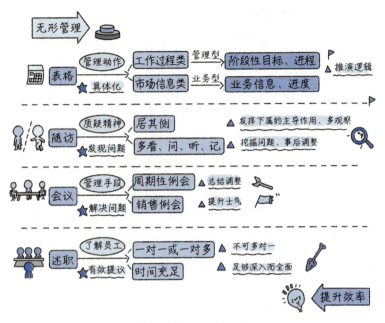

智慧领导的 4 个策略

本节我们学习了领袖魅力的 3 重修炼、领袖的用人之道和智慧领导的 4 个策略，相信这些对你现实生活中的领导力提升一定会有所帮助。把握好领袖魅力的 3 个基石，我们就不会做得太差。

09 │激功：激励士气的功夫

想成为一个卓越的领导人，必须要有激励鼓舞人心的能力。因为只有把大家的主观能动性激发到最大，才能够实现更大的目标。

其实，即使你不是领导，生活中的很多场景也都离不开激励的能力，比如：如果对方表现得不错，如何激励他再接再厉？如果对方遇到挫折或者失恋了，处于低谷，如何让他越挫越勇？如何一举两得地把不同境地的双方都激励起来？以及如何一劳永逸地让人有持续不断的动力？这都需要我们有激励的能力。

下面我送给大家 10 个激励的技巧，算是"激励士气的 10 个锦囊"，希望对练就你的卓越影响力有所帮助！

激功的技巧

激励士气的 10 个锦囊

锦囊 1：公众展示

通过放大效应，让好的显得更好，让优秀者受到足够的尊重。

公众展示可以通过多种方式去做，比如开表彰会，让那些优秀的人可以走到台前接受相关的荣誉表彰，并当众发言，或者专门为他做一个纪录片现场播放，或者是把他的一些事迹做成光荣榜，张贴到公司最显眼的地方，或把他的事迹以发感谢信的方式，发送到他老家那边，再以隆重的方式感谢他父母，如果情况允许的话，在他老家的媒体上好好报道一下，给他光宗耀祖的感觉……这都是公众展示，既可以作为激励手段，又可以在充分落实的过程中激励当事人。

通过这种公众展示的方法，让他的优点得以呈现，荣誉感得到满足，接下来他就会用行动来回报公司。最重要的是，这件事情也让那些没有被重视的人，为了以后能被重用而加倍努力。这就是公众展示的特点，它起到了以点带面的作用。

锦囊2：及时夸奖

我们一定深有体会，领导的赞美、奖赏或者关怀帮助，对我们都是一种极大的鼓舞。每个人都希望得到领导的赏识。如果你身为领导，这无须花你一分钱，一句及时的肯定或关怀，往往都会让人干劲十足。

因为这种及时的肯定，让对方收获了满足感、幸福感、成就感以及归属感，会激发对方的感恩之情，甚至对方会有一种遇到明主的感觉。这些好的感受和情绪，会让他焕发新的动力，从而更积极、更努力地表现，以证明"你没看错人"，尤其对好胜心强的人，这种及时夸奖往往能起到很好的作用。

我们都要有一双发现美的眼睛，要能及时发现身边人的进步，要学会夸奖和鼓励，这样的话，他们才会更有动力，才会愿意做得更好。

锦囊3：物质重赏

每个人其实都有一定的物质欲望，有的人大一些，有的人小一些。那么针对那些物质欲比较大的人，我们可以通过一些奖励设定，刺激其挑战欲。这样的话，如果他真的能挑战成功，完成任务，我们就把奖励兑现给对方，让其产生强大的奋斗动力和极大的满足感。比如有些企业年度奖励有小轿车，甚至有住房，这都会让大家为之奋斗，毕竟重赏之下必有勇夫。

当然了，这对一些初创公司来说是很难做到的，因为初创公司大多业务不成熟，存在很多不确定性，也没有足够的资金实力做物质激励，如果你做不到这方面就要做到第4点——荣誉激发。

锦囊4：荣誉激发

荣誉激发就是通过授予荣誉的方式来激发员工斗志，尤其对那些更在意精神鼓励，更在意获得荣誉感的员工更为有效。我们可以通过很多手段来实现，比如颁发奖状、荣誉证书、奖杯、锦旗以及评定对方什么样的称号等，既能起到激励效果，又可以降低物质成本。

如果你是一个创业团队的负责人，建议多采用这类荣誉激励方式。为了保证大家有持续的热情，可以经常搞些阶段性运动战，每次集体行动周期可以是15天、10天或者一周，每次运动结束之后都要做一次表彰总结，总结的时候就可以多用上面提到的荣誉奖励方式，此外，也可以授予一定称号，评比某某标兵、某某模范等，这些都可以极大地激励对方继续努力。

锦囊5：高层合影

高层合影，就是把高层为优秀者的站台背书当作一种奖励，来激励士气，如果有人实现了提前约定的目标，就在表彰会上请高层领导为其颁奖并合影纪念，使其获得极大的满足感。高层领导，往往象征权威，能跟权威站在一起接受荣誉，是一种无上的荣耀，所以在现实生活中，大部分人都希望接触更高层次的领导。

在表彰会上，如果有人贡献巨大，你若能请到公司最高级领导，甚至外请的高级领导跟他合影，并通过这些领导给他颁发相关荣誉，那对方就会非常激动。除了合影，还可以延展激励效用，比如说在表彰大会后，可以给他安排庆功宴，安排他和高层领导一起吃饭，这样的话就会给对方更大的激励。

为什么有些地方会挂一些高层合影照片？这些照片可能就是跟某些领导或知名人士的合影，其实这迎合了人的一种心理，通过挂着这些跟权威人物合影的照片，仿佛自己的形象也立刻被提升了。

锦囊6：命名文化

为了激励创新，宣传典型，奖励优秀，如果某些个人或团队确实有突出贡献或做了开先河的创举，你可以用优秀成员或团队的名字去命名相关文化，或者命名一种工作模式、一种工作方法。

在这里我举一个例子，就是我们团队中曾有一个做后勤的同事叫小鹏，他的后勤工作做得非常出色。有一次我们搞了一个市场方面的运动战，全员参与，全员营销，把他也调到市场上进行了一次体验，可是没有想到的是，他刚进市场不到一周的时间，所做的业绩就已经顶得上市场很多人的业绩总和了，他瞬间跑到了第一名。

对此，我们马上广泛传播，并在公司里倡导"小鹏精神"，倡导"小鹏工作法"，以他的名字命名一种工作法，命名一种文化，他个人得到了极大的满足感，在公司里更有归属感。同时，大家开始积极主动想办法让绩效提高。这就是命名文化带来的一箭双雕的效果。

锦囊7：史册留名

史册留名，指的是如果对方做出了突出的贡献，我们若能够让对方被记得更久，那对方就会更感激更有满足感了。

谁都希望自己的功劳成为可被铭记的历史。如果你的公司创立时间较长，并且希望做得更长久，那我建议你可以做一个有纪念价值的公司史册，可以将有功之臣的名字载入公司大事记并且存档，以后公司上市的时候或者做到百年的时候，大家都能记住在公司发展历程中有这么一个人做过这么一件大事，这叫史册留名，可让功臣永享荣耀。

当你把载入史册大事记当作一种奖励方式，就会给那些真正有成就动机的人以充分的动力。那些真正有创业精神的前辈，无一不希望给这个世界留下点什么，连大学里都经常能看到以某位企业家名字命名教学楼、道路、图书馆的现象。其实这也是人对价值实现的一种追求，你的企业也总会有那样一批具有超强成就动机的人，希望他们的成就能够被更多人记住，影响改变更多人。所以史册留名还是很重要的。

锦囊8：单独重视

当一个人表现突出的时候，你身为领导，单独请他吃饭，或者请他到家里做客，或者给他馈赠礼品等，都是表示对对方更加重视，会让对方工作更努力。同时这种单独重视，如果能够故意让其他同事知道，那对其他人也是一种激励，为什么？因为领导这次厚待表现好的，就意味着只要你下次也工作出色，领导也会奖励你，甚至给你创造更多的机会。

所以下次外出出差回来时，给你最给力的一些同人准备一些外地的纪念品或者礼物。因为单独给他馈赠，是一个超越工作境界的厚待方式，而这种方式会让对方更努力地工作。

锦囊9：礼待家属

礼待家属，就是向优秀员工的亲人们，通过各种方式表示感谢和厚待。为什么大部分人都在拼命地工作？其中很大一个原因就是希望自己通过努力，能更好地回报亲人们。但是因为忙工作，根本没有太多的精力和时间去陪伴亲人，所以你身为领导者，若能在他背后替他分忧，照顾好他的家人，他知道后就一定会感激万分，在工作上为你分忧。

你可以站在员工角度去想一想，你确实表现得非常出色，同时你又是一个孝子，如果你的父亲得病了，你却为了在公司里能够拿到销售冠军，一直都没有时间回家去看望得病的父亲，一直深怀愧疚。在年终总结的时候，你终于站到了领奖台上，百感交集，感慨万千，你还一直牵挂着家里得病的父亲，而在这时候，领导出来了，说要送给你一个惊喜，说要让你见个人。帷幕拉开，你爸爸走出来了，爸爸在领导安排的公司人员的照顾之下身体已经痊愈了，你看到这一幕会做何感想？爸爸走出来那一刻，一首《父亲》的音乐同步响起，那一刻你也许会直接泪奔，你会意识到，这份感动是你的领导带来的，让你在事业荣耀和至亲情结上都得到了满足。所以相信你以后也会更努力地回报公司，这就是礼待家属的激励作用。

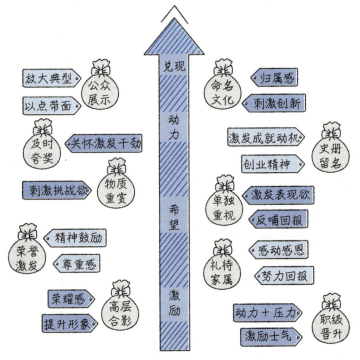

激励士气的 10 个锦囊

锦囊 10：职级晋升

对一些权力欲比较大的人，我们可以通过职级晋升的方法激发其动力。比如，以销售主导的企业内部，一般要设置明确的职业晋升制度，让每个人知道自己做到多少成绩，就可以晋升到什么职位，做不到基础指标或排名，就有降职等风险。

只有这样，大家才会有动力又有压力地去做事情。升降职权就像过山车一样，很刺激，不过也很危险。因为考核一个干部，往往不是单方面的，当他到了一定的职位，也就意味着要匹配一定的资源，如果对方不够成熟，很有可能有后期损兵折将的危险。但是，我们若能把晋升标准定科学一点，就一定能起到激励士气的作用。

总的来说，激励就是要让人在行动前看到希望从而满怀动力地去争取，实现了就兑现承诺从而让人继续满怀动力地追求更高目标。希望你既能自我激励，又能激励更多人做得更好！

10 | 育功：更好地培育核心骨干

一个好的领导者，往往善于培育领导者。而在企业组织里，培育核心骨干往往是最重要的事。

常言道：兵尿尿一个，将尿尿一窝。这个"将"指的就是核心骨干，打仗如此，做企业也是如此，企业成功与否不是由一线员工决定的，往往是由核心骨干决定的。

就像史玉柱曾跌入事业谷底又快速崛起，堪称企业家中的"奇葩"，他在接受记者采访的时候表示，他之所以可以快速崛起，是源于他身边的"四个火枪手"一直都没有离开他。四个火枪手就是他的四大核心骨干。马云也一样，他之所以能够快速建立自己的互联网商业帝国，源于他有自己的"十八罗汉"。

如何更好地培育核心骨干呢？在这里我从 4 个方面，来给大家提供一些有效的建议。第一个方面是培育核心骨干的 4+4 角色；第二个方面是成为核心骨干的 5 个前提；第三方面是磨炼核心骨干的 3 种主要形式；第四方面是培育核心骨干的机会教育。

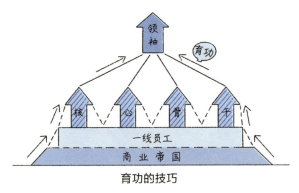

育功的技巧

第一方面：培育核心骨干的 4+4 角色

企业要想快速发展，就要对员工在工作、思想上两手抓，两手都要硬。工作上，就是抓员工平日的工作表现；思想上，就是抓员工的精神、思想动态。在我们培育核心骨干的过程中，在工作和思想两条线上，分别应该强调哪 4 种角色呢？

1. 工作上

● 角色 1：啦啦队长

啦啦队长要能起到鼓舞士气的作用，这个角色向来就是给别人积极的正能量的，是团队的定海神针，并且能够勇于号召，勇于冲在团队的最前面。

这就是核心骨干应有的一种角色风格———啦啦队长，别人不敢想你敢想，别人不敢说你敢说，别人不敢干你敢干，只要有你，大家就有信心，永远能起到鼓舞士气的作用。

● 角色 2：教练

教练的角色，就是要求你有一定的专业性，你希望大家会的，首先你自己得会，就算你不做，至少你得懂。现实生活中有些领导，自己不会干懒得干，还经常骂自己的下属，骂完了还不能给出更有效的方法，这种领导不跟也罢。

身为一名核心骨干，要成为这方面的表率，就是你希望大家能干好的，你至少有干好的办法进行指导。所以我经常告诫学生，当你们开始管人了，就要记住，你可以批评人，但是你得让他认识到这件事你会怎么干，而且能够干得更好，这样的话你批评他才能让他心服口服。

这就是教练，要起到指导培训的作用。

● 角色 3：监工

你在做管理的过程中，不能害怕得罪人，因为今天的管理型岗位，我们不需要一个老好人，因为老好人往往很难去解决大家的劣根性，比如说拖延，比如说找借口、找理由，比如说推卸责任，等等。如果真是为了团队成员好，你就要起到很好的监督作用，杜绝大家的劣根性。

监工，就是要在该严厉的时候严厉，并且想办法把工作的进度监督到位。如果你的下属没有执行到位，就要严厉惩罚，因为你今天对他的严厉，会逼他成为更好的自己，早晚有一天他会感谢你。你如果只是一个老好人，对方犯错了，对方没有达标，对方不够积极，你仍然不对对方严厉，他可能现在会说你这人真好，但早晚有一天，他会骂你，因为是你耽误了他的成长。

所以，作为一个监工，该严的时候必须要严，必须起到检查监督的作用，保证所有工作能够按时推进。

● 角色 4：保姆

保姆，就是要起到即时关怀的作用。因为大家在一起工作，相互之间除了有工作的关系，其实还在一起生活。如果你能够在生活、思想或感情上给予对方及时的关怀和照顾，对方就会通过工作的方式回报。所以，我们在工作上想成为一个合格的管理者，一定要培养自己扮演保姆的角色，起到即时关怀的作用。

管理者本身就是个多面体，不同情况下扮演不同角色，做监工，就做一个让人怕的老大，做保姆，就做一个让人爱的老大，只有做到让员工既爱又怕，你才是一个比较称职的管理者。

以上就是工作上的四重角色，啦啦队长起到鼓舞士气的作用，教练起到指导培训的作用，监工起到检查监督的作用，保姆起到即时关怀的作用。

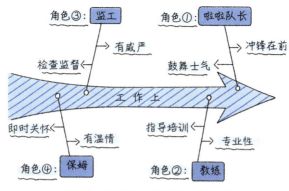

在工作上培育核心骨干的 4 个角色

2. 思想上

● 角色 1：欣赏者

花放在懂得欣赏的人面前，才显得美丽。你要有一双善于发现美的眼睛，下属有进步的地方，你要及时发现并给予表扬，或给予奖赏，以发掘对方源源不断的动力。

著名教育家陶行知"四颗糖"的故事，值得我们思考与借鉴：陶行知在当小学校长时，一天在校园里看到一名男生正想用泥块砸另一个同学。陶行知及时制止，同时让那名男生去自己的办公室。他回到办公室，发现那名男生正在等他，便掏出第一颗糖递给他："这是奖励你的，因为你很准时，比我先到了。"接着又掏出第二颗糖："这也是奖励你的，我不让你打人，你立刻就住手，说明你很尊重我。"该男生将信将疑地接过糖。陶行知又掏出第三颗糖："据了解，你打同学是因为他欺负女生，说明你有正义感。"这时那名男生已经泣不成声了："校长，我错了。不管怎么说，我用砖头打人是不对的。"陶校长这时掏出第四颗糖："你能正确认识错误，再奖励你一颗，我们的谈话也结束了。"

善于欣赏和鼓励的领导，再差的员工都能用其所长。

● 角色2：督导员

在这个角色上，要做到三点：分阶段，让紧迫，兑承诺。分阶段就是我们要学会分阶段地监督才会有效完成任务；让紧迫就是要懂得适时地让大家产生一定的紧迫感，只有在紧迫感的带动之下，对方才会集中注意力快速解决问题；同时要经常向大家要承诺，并且通过监督促进大家兑现承诺。

● 角色3：对比师

通过对比可以有效催人奋进，在此提出3个对比方向，分别是前后对比、竞争对比、预果对比。

前后对比：我们可以通过对方的前后表现激励对方，让对方接下来更努力。比如说："这次我不知道你为什么这么落后，看你以前的表现，不至于是这样一种结果啊，不会是骄傲了吧？我希望你下一次不要再让我失望。"这是前后对比的方法。

竞争对比：拿别人的结果跟对方去进行对比，激发他的竞争欲望。也许比鼓励更管用。

预果对比：对对方的预期给予更多的信任和期待，把对方眼前的淡化，把对方预期的强化，这就是预果对比的表达方式。比如说："这跟你当初跟我说的差距太大了，不过我仍然相信这根本不是你的水平，你曾经跟我说过你一定要怎么样，我相信你会让我眼前一亮的，我期待你更好的成绩。"这就是预果对比。

● 角色4：指导员

像军队的政委一样，指导员要起到两种作用，一是见微知著，二是拨云见日。见微知著就是以小见大的能力，善于从小问题看出大隐患，及时预防干预。拨云见日，就是善于做思想工作，当对方遇到问题，你却能洞若观火，看清本质，简单几句话就能让对方看到新的希望、新的曙光。

当我们的核心骨干可以做好上述这8种角色，起到相关作用的话，相信一定能成为让人佩服、愿意跟随的核心领导。

说完第一方面后，咱们聊聊第二方面，就是成为核心骨干的5个前提。

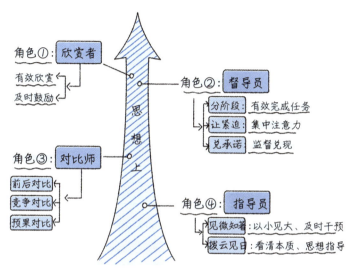

角色①：欣赏者
- 有效欣赏
- 及时鼓励

角色②：督导员
- 分阶段：有效完成任务
- 让紧迫：集中注意力
- 兑承诺：监督兑现

角色③：对比师
- 前后对比
- 竞争对比
- 预果对比

角色④：指导员
- 见微知著：以小见大、及时干预
- 拨云见日：看清本质、思想指导

思想上

在思想上培育核心骨干的4个角色

第二方面：成为核心骨干的5个前提

我们只有选对人，培养起来才省事省心，一般来说，能成为核心骨干的人通常会满足5个前提。

前提1： 想干事。他要有强烈的内在动机。

前提2： 能干事。他具备这方面的能力素质。

前提3： 干成事。他确实有成功案例，能证明他有这方面的经验实力。

前提4： 善共事。真正的核心骨干必须善于跟别人合作去共同推进目标的完成，而不是单打独斗。

前提 5： 干好事。不仅要会干事，还要善于干正确的事，这就需要他有宏观思维、预见力和战略意识，能够把事情干对、干好。

好了，这是跟大家所说的成为核心骨干的 5 个前提，接下来我们来聊聊磨炼核心骨干的主要形式。

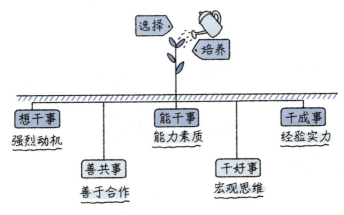

成为核心骨干的 5 个前提

第三方面：磨炼核心骨干的 3 种主要形式

培育核心骨干最好的方式，就是在实战的状况下，让其经受各种考验和磨炼。

形式 1：高压机制

曾任东芝集团社长的土光敏夫曾经提出过一个管理概念，叫"重担子主义"。就是他给自己的下属布置任务，向来都是 300% 的任务，每个人都是超负荷运转，在高压机制之下，东芝集团发展非常迅速。

有科学家用南瓜做过一个实验，在一个南瓜的成长期，每天不断地给南瓜施压，并不断加压，直到南瓜最后成熟。把这个南瓜摘下来后，实验室的相关人员用刀竟然切不开，甚至用斧子也劈不开，最后用锯才将南瓜锯开，锯开之后发现南瓜的肉质紧实，远超出了南瓜原来的结构硬度。这就是高压机制的道理所在，假以时日，承受得住的都是精英骨干。

形式 2：轮岗考验

在任何岗位上，我们做得时间长了都会产生一定的倦怠感，所以我们需要轮岗。其实任何堪当大任之人，进入职场初期都会轮岗，这在企业界尤为明显，像联想董事长杨元庆，他曾经坦言，在坐上董事长位置之前，几乎轮岗过联想所有部门的岗位。

形式 3：慎独考验

所谓"君子慎独"，也就是说，一个君子，自己一个人的时候也要注意言行。在没有压力的情况下，是否还会保持对工作的警觉和忠诚度，是检验核心骨干的一个标准。对待工作，检验一个人是不是可放心，就是看他领导在与不在是否一个样，检查与不检查是否一个样。

晋源镖局是江湖上有名的镖局，因为他们的员工素质过硬。据说他们选用新员工时会使用一个策略，就是在试用期对新员工进行诱惑性考验。在新员工独自一人的时候，在他负责的区域里放一些钱，钱的额度绝对有诱惑性，更远处则有人观察员工看到钱时的第一反应。如果员工的第一反应是在东张西望后鬼鬼祟祟地将钱放在自己的兜里，这个员工就干不久，如果员工看到钱后快速上报给自己的领导，那他往往会得到重用。

以前军队会对执勤兵不定时抽查，甚至检查人员会在其不经意间出现，以测试他的警觉性，考验他的保卫意识和防卫能力。

所以对于核心骨干，有些时候我们要通过一些不经意的考验，来观察、磨炼他的品性以及敏感性。因为他不经意间的第一反应往往是最真实的反映。

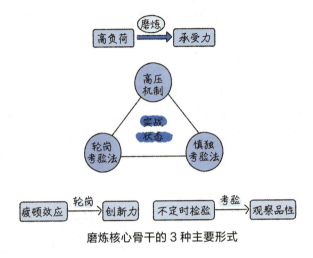

磨炼核心骨干的 3 种主要形式

第四方面：培育核心骨干的机会教育

机会教育就是在组织中随时随地进行的教育，人人都离不开机会教育。有研究显示，组织中的机会教育占员工教育的 70%。换句话说，70% 的教育是靠成员的直接领导完成的。推动知识到能力转化的最好方式，就是"师傅带徒弟"。所以，跟个好领导，对我们的职业发展至关重要。优秀的企业，往往对培育接班人和梯队建设都是非常重视的，就像联想集团通过领导者培育领导者，IBM 对新入职员工的魔鬼训练营及新员工指导员跟进的制度，都堪称人才培养的典范。

好的组织形态，往往都英雄辈出，而想实现这一点，就要有培育英雄的土壤和导师，所以，每个领导人都要成为好的导师，才能拿稳指挥千军万马的思想指挥棒。其实，在培育核心骨干方面还有很多值得深入学习的地方，我们这节虽然只讲了一小部分，但每一步的用心贯彻，都会提升你的核心人才优势。希望你不断精进，打造一支像阿里那样的精锐团队，随便挑出去一位，都能独当一面，甚至独霸一方。

11 ｜授功：授权他人帮忙做事

　　一个人想在同样的时间干成更多的事情，除了要学会抓重点，还要具备发动别人帮忙做事的能力，这就是咱们要谈的授权能力，简称授功。

　　可能有人会说："我没有职务、没有权力，怎么授权别人？"

　　其实授权跟你有没有职务、权力没有直接的关系，授权是一种把别人的时间变成自己的时间的能力。不管你有没有职权，你一旦掌握了这项能力，就可以让更多的人为自己所用，包括你的领导、同事、朋友等，都可以让他们帮你分担很多事情，从而让自己只干最重要的事。

　　关于授权，可能还有人会说："总觉得授权给别人就是麻烦别人，感觉欠人人情，很不好意思。"

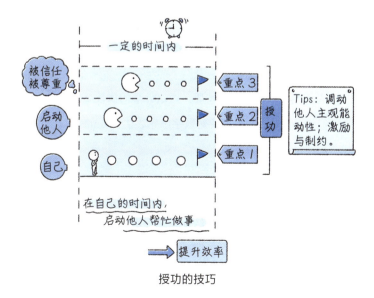

授功的技巧

授权人和麻烦人完全是两个概念。首先，授权不是求人；其次，授权也不需要欠人人情。人与人之间的关系，不会因为你怕用或不用就能变好，而是会用才能变好。

授权，面对任何人都可以使用。说到底，授权就是启动更多人为自己所用。如果你学会了授权，你就可以充分调动别人的主观能动性，懂得如何去激励人、制约人，让每个人都主动自发地去做事，从而提升整体效率，让自己可以有时间去做更重要的事；被你授权的人，也往往会有一种被重视、被信任的感觉，自动自发地把一件事当成自己的事，做出成就感。

那授权到底需要我们注意什么呢？

接下来，我们针对授权的 8 大常见策略，做一个简单分享。

充分授权的 8 大策略

策略 1：找对人

找不对人，往往越帮越忙；找对人，事情基本上就成功了一半。为了使事情能顺畅完成，我们需要懂得找人的 4 个层次。

● 第一层次：找适合的人

找的人的能力以及相关的特质，跟这件事的属性要相配，比如：财务工作不能找马大哈，而是要找对数字敏感、认真可靠的人；策划工作，就得找心思缜密、有创意的人。

● 第二层次：找胜任的人

胜任的标准就是能力和态度都齐备，比如说销售工作，找到了一个人，他很适合干销售，但是他已经有点腻烦销售类工作了，那么他就不能叫胜任。胜任就是能力具备的同时，他还挺愿意干这事儿，能干、有态度、不抵触，这叫胜任。

● 第三层次：找有经验的人

经验往往是参考他过去在这方面有没有成功案例。比如说你想招一个销售，找一个当过销售经理或销售冠军的人，绝对能让你事半功倍。

● 第四层次：找有兴趣的人

兴趣就是你想分配给他的事刚好是他本身喜欢的，如果一件事是对方的兴趣所在、热忱所在，他就会把这件事当成自己的事，追求完美，精益求精，甚至不求回报，超越你的期望。

由此可见，站在提高效率和结果导向的角度，找对人的逻辑就是：能找到有兴趣的就不找只有经验的，能找有经验的就不找只是胜任的，能找胜任的就不找只是适合的。

策略 2：责权利一致

只有责权利一致，授权才能贯彻到位。意指责任、权利、利益，要具体到一个人身上，就是让对方享受最大的好处、拥有最大的权力、承担最大的责任，才能更好地驱动对方。

● 第一步：利益当头

想让人干活有动力，首先就得利益导向，那主要靠什么利益来驱动呢？主要有两方面：一个是物质驱动，另一个是精神驱动。

（1）**物质驱动：** 如果对方把这件事干好了，会在物质上有相应回报，比如：报酬、奖励、奖品礼品、添置物资、请客吃饭等，往往能让大部分人动力十足。

（2）**精神驱动：** 在精神荣誉上有相应鼓励，比如：荣誉证书、奖杯、锦旗、上光荣榜、大会表彰、跟领导合影、模范称号等。本书中的利功、塑功和激功可以参考一下！

● 第二步：责随其后

利给到位了，对方有动力了，想干了，接下来还得让对方有压力，只有这样，对方才能够在动力和压力之下，把这件事做好。那怎样让对方有压力呢？那就是给责任。给责任也可以参考两个方法。

（1）**借助更高权威**。拿更高权威跟对方说事，会给对方一种威慑力，因为每个人都惧怕更高权威，用俗语来说，那就是"拿着鸡毛当令箭"，听着俗，但管用。

很多人上学时估计都有类似的经历，你在宿舍里召集大家把卫生搞一下，大家可能都不听你的，因为你威望还不够，但如果你说，"同学们，一会儿检查老师就过来了，所以咱得赶紧做一下卫生"，大家立刻就紧张了。为什么？因为在做卫生这件事上，检查老师代表更高权威，更有震慑力。这就是借更高权威施加压力。

我有一次在会议室外面听到一个部门经理在屋里给团队开会，他言之凿凿地强调："卢总昨天晚上 11 点 50 分专门给我打电话强调此事，绝不能掉链子，到时他会亲自过问咱们每一个执行细节！"我当时在外面会心地笑了，他那坚定的语气，让我相信他已把这招用到了极致，其实，我前一天晚上 10 点半就睡了。

（2）**寄予厚望**。每个人都不希望让人失望。这招用不好，会被人说成道德绑架，用好就是信任激励。对做事靠谱、有成就动机之人，宜用此法。不仅可以向对方充分表达你对他的期望，还可以拉上一帮人，代表一个群体对他表示厚望和信任。所以，像"你是我唯一信任的人，这件事就交给你了""大家一致认为，你要干不了，没人能干得了"这些带有鼓励色彩的厚望，往往让人因担心干不好而寝食不安。

● **第三步：权行其便**

利给得好，可以让对方有足够的动力；责给得好，就会让对方有足够的压力；而当对方想好好干的时候，却无权决定或调配资源，事就不好办。给权，就是让对方有权支配一定的人、财、物等资源，更顺利地把事完成好。

给权有两种方法，一种方法叫显性过渡，另一种方法叫隐性过渡。

（1）**显性过渡**：意指给对方一定的职务，哪怕是临时职务，比如说，公司要进行一次保洁检查，一个保洁负责人虽然平时级别比较低，但对公司大保洁这种工作还是专业的，为了提高效率，让更多的人参与到公司保洁任务里来，你可以成立一个保洁运动临时小组，由保洁负责人担任组长，行动组里所有人不论职务高低，都要听他的，这就叫显性过渡。

（2）**隐性过渡**：意指虽然没有职务，但是给对方实权。比如说，就算保洁负责人不当组长，你也可以给他写保洁报告、给大家评分的权力，这样的话，虽然他没有什么职位，但是他的评分提案很重要，就相当于你给了他人事监督的实权，他就可以借助大家的力量把整个保洁工作完成得更好。

以上就是责权利的运用方法和注意事项。

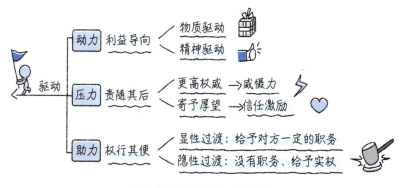

充分授权的责权利一致策略

策略 3：要结果

你给对方交代一件事的时候，如果你不能明确表达想要什么结果，最后的结果可能会跟你所期望的大相径庭。因为每个人的理解都不一样，对方如果理解错了，干跑偏了，实现另外一种结果，岂不是白忙一场？

当然，如果你们之间足够熟悉、足够了解，对问题的理解都到达同样的层次，就可以宏观点，不需要那么具体；如果你们视野层次有差别或者理解力有差别，最好要明确、具体化。所以我经常跟学生说一句话叫：越高层、越宏观；越基层、越具体。意思是说，高层次之间的交流，因为理解力比较一致，宏观概括比较多一些，而高层与基层之间的交流，微观详情比较多一些。学习知识，平时做事，也是高层宏观思维要强，基层微观思维要强。

策略4：重检查

不要以为把事交给别人就万事大吉了，你如果不检查对方，对方就有可能不会主动去推进，因为人人都有惰性。世界著名职业经理人杰克·韦尔奇曾经讲过一句话：别人永远不干你安排的事，只干你检查的事。

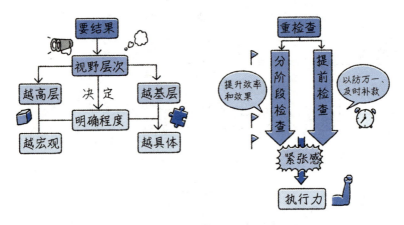

充分授权的要结果、重检查策略

授权别人帮你做事时，没有检查对方就没有紧张感，没有紧张感就没有积极的执行，没有积极的执行就没有良好的结果，所以，检查力几乎就等于执行力，检查过程，方得结果。同时，领导者必须要成为检查者，否则，你把检查的活交给老好人，事情就很可能被搞砸！因为老好人很难发挥检查的威力。所以，检查非常重要，在此给大家提两点建议。

● **建议 1：分阶段检查**

检查本身就是通过对过程的把握，来获得结果。那么，对一项任务，如果你只有一次检查机会的话，执行人可能就不会认真干，可能到你最后发现大问题时，已经没有返工机会了。那么，我们就要把一次性总检查变为多个时间段检查，这样被授权人在每个检查节点前都会很紧张，效率和效果就很容易体现出来。

玫琳凯曾给员工定下 6 个月目标考核期，前 5 个月大部人完成得一般，而到了最后一个月，大部分人竟然都把这 6 个月的目标完成了。玫琳凯发现了这背后的原因，然后开始做考核期调整。第 7 个月她就进行了改革，从半年考核改为月度考核，当时定的当月目标就是前 6 个月目标的总和，如果完成了重奖，完不成就重罚。在这种高压、高诱惑之下，竟然大部人在 1 个月完成了 6 个月的目标，后来这项政策不断完善推行，让玫琳凯品牌更快地发展到很多国家！

其实这个案例也在提醒我们，只有把检查的时间节点不断细化、不断分解，才能够激发团队成员的急迫感。在我的团队，这种情况也发生过，季度考核的时候，每季度的最后一个月业绩最好；月度考核的时候，每月的最后一周业绩最好；周度考核的时候，每周的最后两天业绩最好；

就连日度考核也一样，每天下午或者晚上业绩最好。这其实就是人的惰性非常明显的体现。

● **建议2：提前检查**

千万不要等到最后再去检查，因为万一对方没有完成，甚至忘了，你也不能及时补救了。工作中经常有领导在回天无力时，发出这样的咆哮声："你为什么不早说？"其实，遇到这种情况，领导也要负一定责任，因为"你为什么不早检查"？对一个还不能完全放心的人，你一定要在事情尚可挽救的时候，提前去检查。比如，你交给别人一件事，你预估这件事从零开始认真干大约需要3个小时，那你至少要在约定时间的前1个小时过来看看对方执行得怎么样。只有这样，交出去的事情才更有把握。

策略5：排困难

你授权给对方，你要有一定的预见能力和及时协调排解的能力。比如说对方要开发某个市场，必须得花多少钱你得提前算出来，干这件事对方必须得借某位领导之力，那你就得给那位领导打声招呼。排除困难就是要预见并且帮对方排除一些对方解决不了的问题，如果你只袖手旁观，对方确实解决不了，到最后也是砸自己的场子。

常常需要排解的困难以及排解对策有3个：

（1）**能力困难**。对策：**能力困难靠培训**。如果对方说他不会干，你教会他就没借口了。

（2）**态度困难**。对策：**态度困难靠沟通**。做通思想工作和目标激励，一切都不是问题。

（3）**权力困难**。对策：**权力困难靠授权**。不管是显性过渡，还是隐性过渡，适合就好。

所以，凡事都要有预测和预处理，不能硬推。

策略 6：除三害

一般情况下，在授权的时候我们要除掉这三害，第一个叫倒授权，第二个叫重复授权，第三个叫越级授权。

● 倒授权

倒授权就是你把事情授权出去之后，常有对方反过来问你的建议，从你说出建议开始，你就已经成了要担责任的人，而对方做不好也就可以拿你的建议做挡箭牌。这就属于倒授权。你一旦帮他做决定，他若干不好，他可以说这是你帮他做的决定，你能怪他吗？所以，要防范并杜绝倒授权。

当别人领了你的任务却问你："领导，这个到底该怎么干呢？"你可以这样说他，"你身处一线，我坐办公室，我脑袋里 100 件事，你脑袋里就 10 件事，你都不知道怎么干，我又怎么会知道呢？"当你这样去说的时候，对方就有一定的愧疚感。还有更简单的方法，当你已经把这件事在找对人的情况下授权出去了，他还反过来问你"这件事你觉得该怎么办"的时候，不要直接回答，可以直接反问他"你觉得呢？"你要先问他，他就有可能会跟你说，我觉得应该这样干、应该那样干，在他说的过程中，你只需要倾听、分析、鼓励，"既然你都已经想好了，你就看着办呗"，没错，看着办往往是最难办的，但正因如此，对方才会负责任地把事干好。

这样一来，你没有替对方做决定，还起到了一定的引导作用，所以，好领导，是能引导员工思考、引导员工做决定、引导员工自行解决问题的领导。所以，以后再遇到没必要回答的问题，就反问对方，让他去思考，这就是除掉倒授权，学会反弹，把对方的问题返回去。

● 重复授权

你若把一件事授权给了 A 之后又给 B 提了一回，这样 A、B 只要知道了，A 也不会好好干，B 也不会好好干，因为他们俩会相互扯皮。一件事分配给两人会如此，分配给多人更是如此，因为责任被分解后，就是会出现这些问题。

没有责任界限，就没有责任心，也就没有责任结果，所以，任务除以 2 往往等于 0。正所谓，两个和尚有可能没水喝，就是因为没有责任主体。

● 越级授权

比如你是市场总监，你的下属是市场部经理，每个部门经理下面有几个市场专员，你想让市场专员帮你干点活，你没跟部门经理打招呼，就直接指挥他们了，后果是什么呢？

后果有可能就是市场专员不仅没把你的活办好，他自己的本职工作也没干好。等你询问交代的事时，他们会异口同声说："我们市场部经理又给我分配了其他的市场任务，所以这段时间忙他安排的事，这个事就没搞好。"而当市场部经理质问他们市场任务为什么没干好时，他们

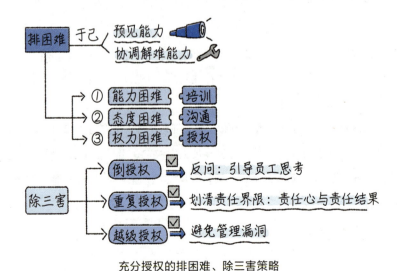

充分授权的排困难、除三害策略

同样也会口径一致："这段时间去忙总监给我们交代的一些活了，所以市场任务就没干好。"他们就开始在你和市场经理之间跳跷跷板。

所以，我们一定要避免越级授权，越级授权很容易造成管理漏洞，我们要想用那些市场专员，最好跟市场部经理打招呼，让你的这部分工作通过市场部经理交代下去，所有的活都是通过市场部经理交代给他们的，他们就不能再跳跷跷板蒙混过关。

策略 7：书面化

我们想让对方更好地去完成他承诺的事情，最好落实在纸面上，什么时间之前完成什么任务，完不成怎么办，对方如果敢写下来，会比较负责地贯彻执行。因为书面承诺是一种赋予压力的手段，更容易让人坚定地执行。

如果只是口头承诺，往往要么对方记性不好给忘了，要么对方的责任心不强最后干不好，所以，最好能书面化。

策略 8：担责任

前 7 个方面虽然是有效的策略和方法，但离开最后一个担责任的态度，就有可能让你前功尽弃，威望尽失。学授权，不能只重技巧不重初心。授权的初衷是发挥更多人的主观能动性，从而实现于人、于己、于集体都有利的最终结果。

以上 7 招在你用得非常娴熟的情况下，一般不会出现问题，但因前 7 招某方面疏忽而导致问题，授权人主动去担责任更是一种领袖魅力的体现。这种人格魅力能够影响别人，感召别人，让别人愿意主动为你分忧，让所有人被你折服，才会有更多人愿意接受你的授权。这也是你以后能继续运用授权技巧的前提。而一有问题就往被授权人身上推责任，既不利于你的成长，也不利于你以后的再授权，因为这样的你根本没有领导力可言。

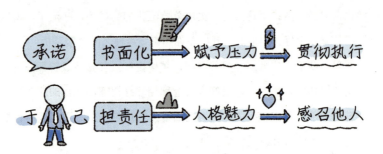

充分授权的书面化、担责任策略

一个人可以不是领导，但不能没有领导力，而一个人领导力的最重要的体现，就是敢于担责任，毕竟一个人能担多大事，才能成多大事。所以，真正的授权其实是一种人格魅力影响之下让别人能主动表现的艺术。

CHAPTER 3

第三篇

好口才
从修炼内功开始

12 | 心功：让内心变强大

无论是销售、谈判，还是团建、公关，越是复杂的商业情景，重要的人际场合，就越需要强大的内心、坚定的信念，否则，很容易打退堂鼓。

没有强大的内心，事就办不成。因为，内心的强大，不仅让你拥有面对问题的勇气，更会让你解决问题的能力得到极致的发挥。

生活中，有太多的人因为自信心不足而对外界的人和事心怀恐惧，自暴自弃。自信心不足，极大地困扰着我们大部分人的生活。本节咱们就好好聊聊如何找回自信心，让内心真正强大起来。

重新认识自信心

自信，综合来说，其实是对自己能力、非能力和潜能力都能发自内心的自我肯定与信任。

什么是能力自信？就是自己觉得能做的事，就相信自己能把它做好，勇于将自己的最好水平体现出来。

什么是非能力自信？就是自己目前不能做的事，也能以平常心看待，做到坦然处之，不因此觉得低人一等。

什么是潜能力自信？就是当某件事在某个时刻必须要做或不得不做时，往往能激发出潜在能力。

自信，若简单来说，就是自己相信自己。这样看来，自信本身就是我们自身所有的内在天赋，随着年龄的增长，怎么大部分人都把它变没了呢？

浅谈自信心丢失的原因

一般来讲，有 5 个原因导致了自信心的丢失。

1. 多次的失败和打击造成的恐惧心理

做任何事情，没有人希望失败，但谁也无法保证一帆风顺。所以，如果遇到失败和打击，往往会引起自己的心理落差，甚至留下心理阴影。除了少数人能够从失败中总结经验，磨炼心性，屡败屡战，最终从失败的泥沼里走出，大部分经历失败的人，很难走出心理阴影，以至于一做事情就先想到失败造成的恐惧，所以缺乏勇气，从而减少了挑战的次数。恐惧失败的心理把一个人带入越来越不自信的恶性循环：越害怕，越不挑战；越不挑战，越失败；越失败，越害怕。

生活中有太多人以不自信为由逃避很多事，这大都是恐惧心理所致。其实仔细想想，"胜败乃兵家常事""失败乃成功之母"，只要善于总结，你就能从失败中得到更多有用的东西。就像爱迪生所说的那样："没有失败，只有离成功更近了一点儿。"所以，当你看到失败的价值，失败就没那么可怕，它甚至是可爱的、可敬的。一个人能面对失败并接受失败，就意味着离成功不远了。

2. 以事论人的偏驳性自我认知

人们比较习惯于"以事论人"，不管是对别人，还是对自己。但要科学全面地认识一个人，就不能以偏概全。自信与不自信本身就是相伴相生的，如果因为某些事干不好，就全盘否定自己其他方面的能力，以至于把自己置于不优秀之列，觉得自己就是个不自信的人，还把这种不自信迁移到其他更多的挑战面前，这未免太片面了。

　　给大家讲一个奥修的寓言故事。有一天，绝顶聪明的纳斯鲁丁跑来找奥修，非常激动地说："快来帮帮我！"奥修问："发生了什么事？"纳斯鲁丁说："我感觉糟糕透了，我突然变得不自信了，天啊！我该怎么办？"奥修说："你一直是很自信的人呀，发生了什么事让你如此不自信呢？"纳斯鲁丁非常沮丧地说："我发现每个人都像我一样好！"

　　这个寓言也在告诉我们，自信与不自信是辩证统一的，人往往是自信和不自信的综合体。我们没有必要因为某些事情没干好而变得不自信。

　　一件事干不好，不代表人不行；这一次没干好，不代表永远不行。

3. 懒于或怕于行动而导致的自我退化

　　人类的庸者是怎么形成的？我认为，要么太笨，要么太懒。除了极少数人是太笨又不爱学习，大多数人就是行动力太差。

　　我经常给学生强调，这世界没有绝对的天才，只有成就天才的熟练功。当你觉得自己还不行的时候，就是你做得还不够多的时候。

　　人人都想成为能力强大、足够自信的人，可是有多少人愿意为了这份自信去做不计其数的尝试和练习？国家运动员不经历严苛的训练，哪来奥运会现场上的辉煌？你看到了孙杨拿奥运冠军的光鲜，却忽略了他每天游两万米的训练，他的训练量早已达到了绕地球一周的长度。

　　不管是硬技能，还是软实力，除了练习，就是练习，只有练习到一定程度，才能炉火纯青。

　　铁放久了会生锈，人若长期不动，身体机能也会退化，不管你是因为懒，还是因为怕，退化的结果会让你更不自信。所以，懒要靠自己骂醒，怕要靠自己行动唤醒。

　　越怕越要行动，行动多了，也就不怕了。

4. 与别人的优势对比中产生的自卑心理

每个人都有自己的优势和劣势，一个人想要自信，首先就要学会找到自己的优势，当你拿自己优势和别人劣势对比时，也自然会产生很不错的优越感。

一个人就算再弱，总会有一些别人没有的特点，或会一些别人不会的技能。虽然你演讲不如我，但可能游泳比我好，做饭比我好。我有你不会的，你也有我不会的，所以我们是平等的，没有必要有些地方不如别人就觉得自卑，要懂得转移注意力到引以为傲的地方。

所以，不妨自恋一点，依靠自身优势寻找优越感。

5. 信任之人对我们负面的定性类评价

我们在成长的过程中，总会遇到一些我们信任、喜欢、尊敬、崇拜的人，对我们的人生成长往往起着至关重要的作用。他们对我们定性的评价，有些评价成就人一生，而有些评价却毁人一生。

小学时，很多人有过这样的经历。某些题不会做，当我们满怀希望地找到长辈或老师请教时，却在听到解题思路之前，先听到一句"你怎么这么笨呢？！"身为长辈，您可以质疑我不努力，质疑我没好好听课，但不分青红皂白地评价我"这么笨"，很容易让我自暴自弃，让我很难再有解决难题的进取心，因为潜意识告诉我"我是个笨人"，努力也没用。

所以，我们经常建议家长多给孩子一些正能量的鼓励，对孩子多一点积极正面的定性评价，这会让孩子变得自信，当孩子成为真正的自信之人，他就会成为有自动生命力的人。

定性评价的正面鼓励影响力越大，负面批评杀伤力也越大。所以，在必须去批评一个人时，要注意你在他心目中的分量，以及话语的影响，一定要对事不对人，这样不仅更客观，也更容易让对方心服口服，否则有可能会毁掉对方一生的自信。

认识了自信丢失的 5 方面原因，就算不给你开处方，相信你多少也能对症下药了。

不管干什么事情，首先都要有个自信的状态，才能够保证正常发挥，甚至超常发挥。那如何才能保持自信的巅峰状态呢？

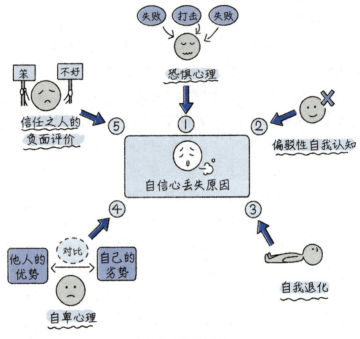

自信心丢失的原因

重建自信、强大内心的 10 个建议

1. 清晰认知

清晰认知自己的能力、非能力和潜能力。自信本身就是一种意识形态。一个人能正确看待并接受自己，在遇到任何事情时都能保持清醒、睿智和冷静，这就是自信的象征。

2. 发挥优势

找到自己的优势，一个人很成功，往往是因为他极大地发挥了自己的优势，一定要培养自己的一技之长。俗话说："一招鲜，吃遍天。"聚焦在自己擅长的领域，才会更有胜算的把握。

3. 自我暗示

积极进行自我暗示，对自我价值要肯定。每个人都有自己的成功记录，有自己引以为傲的东西，比如一张非常帅气的照片、一个意义独特的手环或一个象征自信的动作等，这些都可以随时起到自我激励的效果。还记得奥运会飞人博尔特起跑前和冲线后的经典动作吗？相信那一定是属于他的自我暗示。

4. 保持专注

在你专注于一件事时，就不容易受到干扰，就会提高你的效率和成功率。人很多时候的不自信，往往来自太多的干扰，让人变得不够从容。任何的竞技比赛中，越到最后阶段，拼的越是心理素质。越是从容、镇定、有耐心，越能超水平发挥，实现局势逆转。

5. 改变状态

表情与动作要自信。人的内在心理和外在状态是一体的两面，相互影响。心理学家告诉我们，改变动作与表情等外在状态，可以改变人的心理状态，往往会让你找到自信的感觉。就像昂首挺胸快速前进的步伐、开怀爽朗的大笑、坚定有力的语气、自信尖塔式手势、真性情的挥舞或呐喊等，这些都会加强你的自信。

6. 乐于分享

开放、良性的分享互动会增强自信。我们自己的社群有"分享"文化，拆分理解就是"分人哺己，享远舍近"的意思。分人哺己，就是指我们在人群中的强大，往往是把自己最好的分给别人，以别人的反哺成

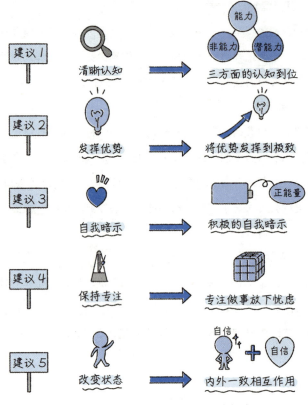

建议1　清晰认知　➡　三方面的认知到位（能力／非能力／潜能力）

建议2　发挥优势　➡　将优势发挥到极致

建议3　自我暗示　➡　积极的自我暗示（正能量）

建议4　保持专注　➡　专注做事放下忧虑

建议5　改变状态　➡　内外一致相互作用（自信＋自信）

重建自信、强大内心的10个建议（1）

就你最终的伟大；享远舍近，就是指为了得到未来更好的，就要有勇气舍弃眼前短暂的享受。当你坚持此"分享"文化，不断地把最好的东西分享出去，你会发现反馈的力量会增持你的自信，让你发现你的价值所在。分享和付出不仅让自己更容易融入，而且让你潜意识里认为你是富足的。

7. 善于赞美

你对别人的积极肯定也能换来回馈性肯定。当你自己不自信时，若更多的人对你真心欣赏、喜欢和赞美，你会对自己更自信，甚至还伴随着欣喜、幸福和感动，这就是周围环境的反作用力。人与人交往都是相互的，想让更多的人来增强你的自信，你就有必要先学会赞美别人，以换得别人的回馈性肯定。

8. 勇于表现

你要勇于表现自己的与众不同。在营销学上有句经典："第一胜过更好，不同胜过更好。"一个人如果能通过努力坐上第一把交椅当然最好，因为人们往往在各个领域更容易记住第一，就像奥运会田径比赛的第二名跟第一名有可能只差 0.01 秒，但两个角色的商业价值却有天壤之别。可竞争如此激烈的今天，在某些领域爬上第一难上加难，那该怎么办呢？那就把个性的与众不同发挥到极致。就像当年歌坛突然蹦出个周杰伦一样，他唱功不是所有歌星中最好的，但他一定是那个时代最独特的。就像巴西奥运会游泳比赛后，一个叫傅园慧的"洪荒少女"火了，虽然她在决赛中拿到的是铜牌，但是她个性爽朗、真实、不做作，成了全民喜欢的泳坛"小公举"。独特的个性本身就是优势，尤其在个性越来越开放的时代。

9. 观念转换

用愿景状态和新思维来引导更好的自己。当一个人身处困境或面临重大挫折时，盲目地乐观或悲观都是不可取的。畅销书《从优秀到卓越》里提到过一个理论，叫斯托克代尔悖论。斯托克代尔是越南战争期间被俘的美军里级别最高的将领，但他没有得到越南的丝毫优待，被拷打了20 多次，关押了长达 8 年。很多当时跟他一起被俘虏的战友，总觉得很快就会被释放了，他们一次次把临近的节日乐观地看作释放日，但每次都未能如愿，逐渐失去了信心，最终郁郁而终。而斯托克代尔却活了下来，他说："对长远我有一个很强的信念，相信自己一定能够活着出去，一定能再见到我的妻子和孩子，但是我又正视现实的残酷。"他的故事告诉我们：永远直面现实，心存必胜的希望，这就是困境之下对自信的最好诠释。

10. 勤于行动

朝正确的方向行动，养成良好的习惯。一个人，如果明确了方向，找到了方法，就会增强自信。所以，先让自己忙起来，走出自己的舒适区，发现一个完全不一样的自己。习惯就是不断重复而变得简单的行动，重复有意义的行动以养成好的习惯，当优秀的习惯成为你生命的一部分，你必将更自信。

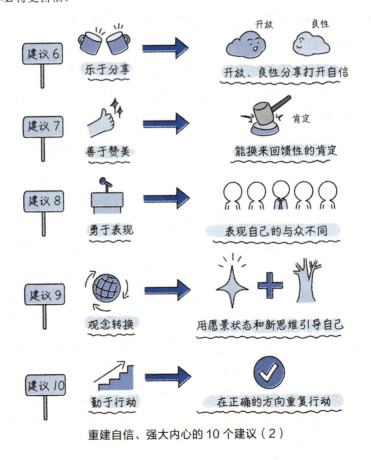

重建自信、强大内心的10个建议（2）

最后一点也是最重要的一点。行动就像多米诺骨牌的启动牌一样，只有启动牌动了，其他牌才能逐个动起来。

生活中经常有同学问我："老师，我学会了很多技能，我怎么才能学以致用，达到更高的水平呢？"那么下面我们结合行动管理的方法论，给大家提一些中肯的建议。

从行动管理上，我们该怎么做？

1. 与决心对话

我一定要得到的结果是什么？大部分人之所以平凡，不是知识不够，而是决心不足。自信，有时就是一定要的状态，是使你可以不顾一切，无人能撼动你的能量。学会时常与自己的决心对话，让自己的注意力集中在一定要的结果上，不给自己留任何退路。

2. 与挑战为伴

让自己爱上挑战。俗话说："困难像弹簧，你强它就弱，你弱它就强。"既然困难相伴一生，那就把它当作挑战，去享受那种与它博弈的过程，只有这样，你才会更轻松地一次次征服困难，对未来的未知领域更有信心。在你最痛苦、最难熬的时候，我希望你能告诉自己一句话："使我痛苦的，必使我强大！"

3. 让目标分解

将目标分解很关键。从人生蓝图，到年度目标，到月度目标，到周度目标，再到每日目标，甚至细化到每小时我要完成什么，你会发现，由大到小的分解，极大地降低了执行难度。去热爱你的每一天、每一阶段，生活会越来越好，越过越轻松。

4. 做严格监督

如果做不到热爱你的每一天、每一阶段，那就用严格监督的办法来做到。首先,用自己具体可衡量的目标,做公众承诺或书面承诺;其次,要严格奖罚,公众承诺时就要强调,如果实现不了,用严厉惩罚去约束自己,让自己没有退路;还要重监督,找到最合适的监督人,制定监督规则,甚至实行连坐制惩罚,让所有相关人士都跟你的目标挂钩,那么,你就不是一个人在战斗了。

5. 让自己感动

一个人,这辈子,一定要做一件感动自己的事情。给自己交一份完美的作品,那将成为你一生的自信。以我个人为例,曾在冬日里苦练口才直至失声、冻到手脚无知觉,曾连续 7 天带病上课、每天只睡 5 小时,我狠心地逼了自己一把,用行动见证了伟大。

以上建议虽未完全展开,但仍然希望你能朝正确的方向努力,用坚持不懈的行动,去成就你的人生!

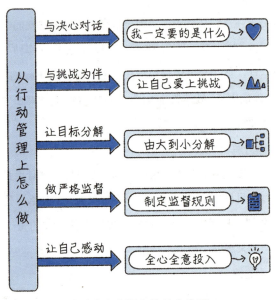

让内心变强大的 5 个步骤

13 ｜胆功：提升胆量，克服紧张

现实生活中，大部分人有不同程度的社交恐惧，尤其恐惧面对公众演讲。英国的《泰晤士报》曾经做过一次大面积调研，发现人们最害怕的事情就是公开发言；第二害怕的才是死亡。这也许意味着，在参加葬礼的时候，躺在棺材里比站在那里念悼词要舒服得多。

可见，害怕公众演讲是绝大部分人的通病，所以，我们才有必要提升胆功。胆功，就是在与人打交道的过程中，如何克服紧张、提升胆量的功夫。绝大多数人在销售说服或者公共演讲的过程中，经常会有紧张的情况，那么我们如何去有效克服呢？在这里，我先给大家分享 4 类 16 种克服紧张的方法，相信至少有一种方法能帮到你。

克服紧张、提升胆量的 4 类 16 种方法

1. 心理疗法

4 个关键词：想象，暗示，帮助，融入。

● 想象

我们如果要在一些大场合上做公众演讲，确实比较容易脑袋一片空白，我们在上场之前可以做一段冥想，想象得越逼真越好，想象自己受欢迎的局面，想象自己发挥得特别棒，想象大家都在给你送上鼓励的掌声。想象得越投入、越逼真，越感觉受欢迎，你心里的紧张感就越容易消散。

● 暗示

我们要给自己更多正能量的暗示。比如自我暗示："我是说服高手，

我是演讲高手，我今天准备得已经十分充分了，一定会旗开得胜。我准备了这么多，就算忘掉一些内容，随便举例子连起来也是非常棒的演讲。最重要的是这篇演讲稿我已经熟悉这么多遍，没有人比我更熟悉了我要讲的内容了。"

一般情况下，不断地正面暗示会形成一定的潜意识认知，你心里的紧张程度也自然会降低。人的潜意识是很傻的，你告诉它什么观念，它就接受什么观念。看过《三傻大闹宝莱坞》的朋友，就见证过"平安无事"这句自我暗示的魅力，主人公经常用这句话自我暗示，才让他每次都在大难面前化险为夷。

● 帮助

保持帮助他人的心态，这样的话，你的注意力就会放在我怎么表达才能把事情说得更清楚上，才能让大家听得更明白，才能真正帮到大家。这样的话，就不至于紧张了。

我们很多人之所以紧张，是觉得要把自己最优秀的一面展示出来，让别人记住，并报以掌声，其实完全不必这样。把话说明白，比把话说漂亮更加重要，按合理的逻辑、真实的心境，先让自己顺畅地表达了，才会让自己释放紧张。

● 融入

融入是指融入氛围、融入气场。当你走进陌生的演讲场合，不管你是做主持人，还是做主讲嘉宾，你可以在上场前先走下台去，跟前后左右的人进行简单的交流，看看大家的表现，你的内心就会慢慢地沉静下来了。开讲的时候就不至于紧张，因为你对整个气场已经很熟悉了，这就叫融入。

你还可以提前到场站在门口，什么也不做，看着大家，等那种紧张的情绪慢慢地平复下来，这也是一种无声融入。

也可以跟大家进行一些比较随意、自然的交流互动，比如：让大家填个问卷、调整一下手机等等，这样就不至于太过紧张，也比较容易让自己融入这个气场。

以上是克服紧张的心理疗法的 4 个方面，想象受欢迎的局面，暗示自己一定可以，帮助他人和融入气场。

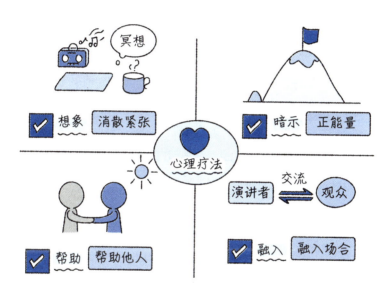

提升胆量的心理疗法

2. 动作疗法

4 个关键词：全身、嘴部、呼吸、心锚。

● 全身

全身就是指全身运动。为了缓解紧张的情绪，可以在上场前做一下全身运动，让自己浑身的细胞活跃起来。全身运动是一个不错的释放紧张心情的方法。很多演唱会或娱乐节目的开场，往往都有热舞作前奏，将彼此情绪都调动起来，就不紧张了。

● **嘴部**

可以采用让舌头做操的办法去做一些嘴部的练习。当一个人紧张的时候，口腔肌肉往往是紧绷的状态，想说话说不出来，那怎么样让它松弛起来呢？

上场之前可以让舌头在嘴里做做伸展运动，做做顶上顶下的运动，左伸右伸的运动，甚至做正循环倒循环的刷牙运动等，以活跃嘴部肌肉，上台后就不至于太过紧张。

● **呼吸**

呼吸就是坚持"一四二法则"深呼吸法，做有规律的深呼吸，这是一个非常有效的降压方法，我自己也经常使用。

"一四二法则"深呼吸法，就是指吸气1秒，憋气4秒，呼出2秒，操作时，吸气要饱满，呼出的时候要把那口气想象成紧张的东西，全部吐出去，一般来上三轮，都会达到平复心情的作用。

● **心锚**

指设计自己的心锚动作。相信大家都听过一个心理学实验，叫巴甫洛夫实验，每次主人摇铃铛给骨头，狗就流口水，不断重复，直到后来摇铃铛不给骨头，狗还是流口水，因为通过多次重复，让狗形成了条件反射，摇铃铛就成了激发它的心锚动作。

其实人也是一样，你也可以通过这项行为心理学技术，去设计自己的心锚动作。每次在自己最自信、最自豪、最有状态的时候，每次在情绪最高点的时候，给自己重复一个标准的动作，比如打响指或者振臂的动作，强化这个动作，甚至是冥想出最佳状态的时候，也重复这样的动作。未来有一天你真的紧张的时候，你可能直接通过打响指或振臂，就能激发出那种最佳的情绪状态。当然找专业的心理学教练给你进行相关辅导，效果会更好，就像很多运动员为了顶住大赛的压力，都会有专门的心理技术指导。

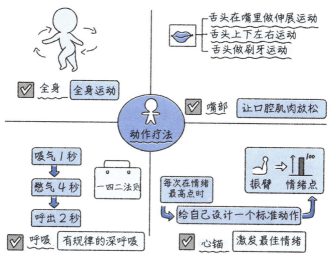

提升胆量的动作疗法

3. 道具疗法

4 个关键词：发泄物、服装、附稿、PPT。

● 发泄物

当一个人紧张的时候，容易发抖，有时拿了一张纸，纸也跟着发抖，或者拿着话筒，话筒也跟着发抖等，此类现象很常见。因为一个人紧张时就比较容易习惯性地攥紧一样东西去传递自己的紧张情绪，那个被紧攥的东西就充当了发泄物。

为了呈现美，我们如何让发泄物藏于无形呢？很简单，你可以用不拿话筒的手攥一个小东西，比如石子或硬币，一紧张就可以用力地攥，将紧张情绪传递到你手里紧攥着的发泄物上。这样，大家既看不到，你又释放了自己的紧张，这不两全其美吗？当然，你也可以把隐藏在鞋里的脚做发泄物，至少我是比较常用的，紧张时，将脚趾勾起来，这种攥紧的动作，不仅比较容易帮自己释放紧张，还不易让人发现，这就是隐藏发泄物的好处。

● 服装

应时应景的服装配饰，往往能增加一个人说话的自信。比如你在参加演讲比赛的时候，别人都穿了正装，就你穿了一身休闲装上场，不说你自己内心是否坦然自信，光周围异样的眼神估计就够让你紧张的了。

穿符合场合的服装，尤其是比较高质量的服装，不仅会给自己增加信心，而且不用因着装问题而分神。所以，一定要根据自己的身材特点，以及出席的场合需要，穿出自己的自信。

● 附稿

如果你怕忘词，就带着稿子，带稿上场的主要目的，不是为了照着读，而是给自己一个心理安慰，以防忘词。所以，要带着稿子上场就大大方方地带，有不熟的地方就大大方方地看，连春晚和很多节目的主持人，都带手卡（附稿）上场。

● PPT

为了避免担心忘词而紧张，你还可以为自己演讲的内容制作有提醒作用的PPT。如果说附稿是一种通过心理暗示释放紧张的工具，那么PPT就算是升级版的附稿。PPT不仅不会让你担心忘词，还会起到提醒作用，方便你自由发挥、自信延展。

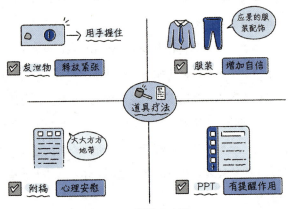

提升胆量的道具疗法

4. 内容疗法

4 个关键词：熟而确信、不得不说、重点大纲、过量准备。

● 熟而确信

演讲时，选题很重要，讲自己熟悉的话题是不用紧张的，就像向别人介绍一下自己的家庭成员，完全可以轻松应对，除此之外，还要讲自己笃信的话题才能讲好，试想一件事你自己都不信，你能让别人相信吗？所以，选择自己熟悉并相信的，自然不会紧张。

● 不得不说

我常跟学生强调，什么样的演讲才会有感染力？情绪到位的演讲！最佳演讲情绪就像装满水的袋子，感觉马上要破了，如果用针在袋子上扎个孔，里面的水就会喷涌而出，演讲就要找这种感觉。有人说自己口才不好，我想问，当你被同学或家人误会的时候，是不是既委屈又愤怒，你要跟对方解释清楚的话，你的声音语调、肢体动作等，不用指导，也一定做得妥妥的，为什么？一肚子的话外加挡不住的情绪，就会喷涌而出，感染力是不用怀疑的。

写作文时，老师都一再强调"真性情才有好文章"，没错，把不得不说的话和不得不发的情绪结合起来，就是地地道道的真性情，很能打动人，无论是写作文，还是演讲，这一点都毋庸置疑。

● 重点大纲

我从来不鼓励背演讲稿，因为一篇较长的演讲稿，从记忆的角度，难免会有不熟的地方，忘掉一句，就很难跟后面快速地衔接起来；而记重点大纲就不同了，因为一是易记，重点突出要记的东西也少，二是利于发挥和延展，好的演讲经常会有大量演绎的成分。

● 过量准备

有时候紧张，只是因为准备得太少，而自己本身的内在基础又太过

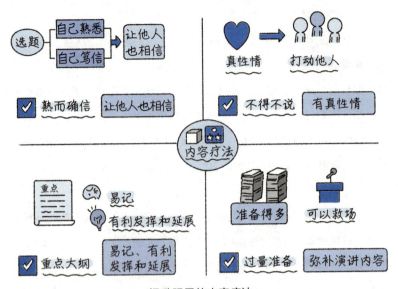

提升胆量的内容疗法

薄弱，演说技能不娴熟，不紧张才怪。准备充分的话，就算忘掉某些知识点，还可以有更多精彩的知识去弥补。

记得有一位前辈曾告诉我：初级讲师，为讲一杯水，要准备四杯水；中级讲师，为讲一杯水，就准备一杯水；而高级讲师，为讲一杯水，只需准备半杯水。我当时不明白最后一个层次，随着演讲实战经验越来越丰富，我才理解，讲师到一定程度，不仅仅是授课，更重要的是他的演绎和延伸能力，这种层次的演说者，更像一个艺术家或人生导师，能让你学得通爽，让你学会迁移，从而改变你的人生，因为大道至简，大道相通。

在你想成为高级演说者之前，先做一个初级演说者吧，为讲好你那一杯水，请准备好你的四杯水吧。

以上就是 4 类 16 种克服紧张、提升胆量的方法，相信其中一定有适合你的方法，善加应用，生活中每一个有人群的地方，都可以成为你的主场。

14 │ 声功：魅力声音的修炼

想成为交际高手，如果拥有一副好嗓音，说话生动传神有韵味，绝对能为你锦上添花，这一节咱们就来好好聊聊声功。

声功，顾名思义就是提升声音魅力的相关方法。声音是人们传播观念和思想的媒介，每个人都偏爱和声音动听的人交往。我们天天都在说话，那如何把话说得好听、说得悦人、说得受人欢迎，就显得非常重要了。

我们都知道做心电图检查的时候，如果人的心脏正常，就会有一条曲线上下波动，如果心脏不再跳动，它显示的是一条直线，说明人的生命终止了。唱歌也一样，如果一首歌旋律非常优美，起伏有致，抑扬顿挫，大家就会觉得好听，如果从头到尾都一个调子，听起来就很乏味，因为那叫催眠曲，说话也是如此，如果你的语调始终没有任何变化，谁会那么有耐心有兴趣听下去呢？

生活中，常有一些朋友出现说话太平、节奏太快或太慢、语调太高或太低、表达不够生动、声音没有磁性等缺乏声音魅力的问题，如何让别人喜欢上你的声音，享受听你说话的感觉，就是咱们这节要探讨的内容。

接下来我教给大家 3 个 5：气息发声的 5 种练习、魅力声音的 5 大要素、增强声音魅力的 5 个方法。相信经过有效的学习和练习之后，会有收获。

气息发声的 5 种练习

在详细了解这 5 种练习方法之前，我先问大家一个问题，咱们为什么要进行气息发声的练习呢？

如果人们长期只用嗓子用力发声的话，会对嗓子造成负担，也很难提升声音的表现力，其实人发声都需要一定的气息，它是发声的基础，如果你想让自己的声音更富于变化更加动听，就需要进行一些气息练习。

1. 假音练习法

平常我们要有意识地用假音去练习说话，每天进行 20 ～ 30 分钟，不仅有利于保护嗓子，同时有利于养成用腹腔说话的能力和习惯，进一步减轻嗓子的负担。怎样进行假音练习呢？

可以把一只手放在自己的嗓子外部，一只手放在自己的小腹，然后用假音说话，比如说"我爱你"，如果小腹肌肉比较紧张用力，同时嗓子那边没有大的振动，那么就证明你用对了假音的发音方法。并且你要不断练习用腹腔发力逐步提高你的说话音量，把"我爱你"这句话用假音逐步提高音量练习，可以想象成从耳语说"我爱你"，到面对面说，再到在嘈杂的火车站说，再到在宿舍楼下对楼上面说，再到从大山的这边对大山那边说，用你的假音制造一种只说给对方听的感觉！就这样，你越提高声音，你就越能感受到小腹肌肉的紧张。

长期坚持这个方法，你不仅可以养成用腹腔说话的习惯，让自己的声音更有耐力，同时长期收缩小腹，对你的身材重塑也会有一定帮助，这真的是一个既能美声又能美身的声音练习法。

2. 数数练习法

数数练习法就是从阿拉伯数字"1"开始，用一口气一直往下数，中间不要换气，看你到底能数到多少。这个方法简单易操作，每次都可以练习十几次，只要有时间你就可以练习，慢慢地，你就可以让自己的气息变得更长，这对你说话唱歌都是非常有帮助的，你可以一口气说、唱更长时间，并且嗓子还不会累。

3. 深呼吸法

这个练习要坚持"一四二法则",就是吸气 1 秒钟,屏气 4 秒钟,呼气 2 秒钟。平常多做深呼吸运动,不仅可以让你从情绪上变得更加冷静从容,同时,也可以让你的气息的稳定性和耐久性有所提升。瑜伽也同样很重视对呼吸的掌控,其实在任何时候,沉着冷静、气息均匀的腔调都远远要比气息紊乱的腔调更有吸引力。

4. 吹气法

吹气法有很多方式,比如可以尝试小孩子们玩的一种游戏,吹硬币,憋足一口气,吹翻多少你就赢多少,这个游戏很锻炼你气息的爆发力。

另外,也可以拿一张纸,将它放在靠墙的桌面上,然后通过吹气把这张纸吹立起来,让它贴在墙上,并且不要让它倒下来,这个是练习气息均匀程度的一种有效方法。

当然,你也可以练习吹气球,比如通过吹气一直把一个气球保持在某个高度范围内,而不掉下来,室内的这种练习也有助于你气息的拉长。

5. 急喘气法

小狗喘气就是典型的急喘气,小狗剧烈运动后,就会将舌头伸出来急喘气。你可以结合晨练,每天跑步或其他运动后,累得上气不接下气的时候,跟旁边一起运动的朋友进行一些交流,这对你的气息练习是有帮助的。

这种练习方法被很多明星歌手采用过,尤其是唱跳歌手,他们需要用更绵长的呼吸去支撑自己的音调音准。印象很深刻的一位歌手是张杰,他曾在歌手纪录片里坦言,他为了更好地提升自己的唱功,采用了一边锻炼一边唱歌的方式,效果明显,唱功与日俱增。

以上是气息发音的 5 种练习方法，相信只要你坚持练习，一定可以让你说话更省力、更有耐久力，也更富有表现力。

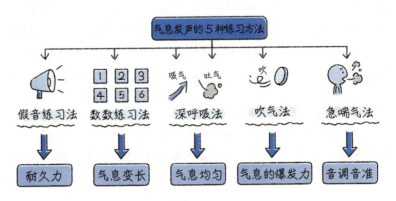

气息发声练习法

魅力声音的 5 大要素

什么样的声音才会更有魅力呢？学习完以下 5 大要素你就能得到答案。

1. 音调有起伏

有魅力的声音类似于心电图，要有波动，要有起伏，起伏有致才会不断地抓住听者的注意力，才更能带动对方的情绪。如果音调一直很平，缺乏变化，就很可能变成一首催眠曲，没有兴趣点可言。

《恋与制作人》如此受欢迎的一个原因就在于几位配音对音调起伏的掌控。夏磊、阿杰、边江、吴磊的音色固然加分不少，但真正吸引人的还是他们的语气音调。他们扎实的声音基本功将单薄的几句话演绎得分外撩人，也成功吸引无数迷弟迷妹。

2. 音量可调节

说话的时候不能一直音量太大，否则就给人一种说话轻浮、不稳重、让人焦躁的感觉；如果音量一直很小，也会给人一种说话不自信、没把握、没有激情的感觉。所以说话要做到音量可调节，可大可小，因场合需要而改变。

3. 音节有快慢

说话时，要根据你说话的情景和内容进行节奏变化，因为人长时间稳定在某种节奏状态下，容易产生疲态感。

慢的情况：如果你说的内容非常严肃、具有回忆性、比较感人，那你的节奏一定要慢一些。慢下来，才容易将对方的情绪带得深入。太快的话，对方情绪还没进去，就又被你带出来了。

快的情况：如果是非常紧迫、紧张的氛围，那么说话节奏一定要快起来，对方的思路也会快起来。否则，你看到对方马上要遇到车祸了，还慢腾腾地跟对方说"你，可以闪开"，你话还没说完，他出事了。

论节奏，往往慢就显得沉重，快就显得活泼，就像看视频，加倍速播放的内容一般都会显得很逗。

音节的快慢在回忆录里也表现得十分明显。中央电视台播出的《军事纪实》就是一个典型的例子。原以为看这种节目会无聊，但当真正观看的时候你会不知不觉地陷进去，因为主持人对节奏的把控能力简直不能再到位，听主持人讲这些过去的故事就像走进了那段历史，完全是一种享受。

4. 音速可控制

如果你讲起话来，速度超级快，刹不住车，对方怎么跟上你的节奏？还会使对方少听到很多重要信息，很难跟你进行良性互动。

所以要根据对方的可接受度去调整自己的语速，我们在与他人说话的时候要特别注意察言观色，要学会判断对方是一个快节奏、中节奏还是慢节奏的人，根据对方的主导感官去调整适应对方的速度和节奏，

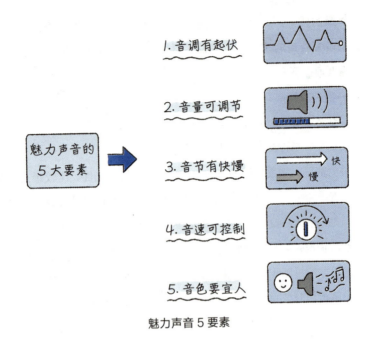

魅力声音的 5 大要素 ➡

1. 音调有起伏
2. 音量可调节
3. 音节有快慢 快 慢
4. 音速可控制
5. 音色要宜人

魅力声音 5 要素

这样会让对方跟你聊起天来，感觉更加舒服，也会觉得你是一个有魅力的人。

5. 音色要宜人

很多人由于音色不够优美而不受欢迎，比如说话发嗲、沙哑、满口方言味、阴阳怪调等，因为这会让人不舒服。现在通过手机进行学习也很方便了，平时可以多通过播音主持类线上课程提高。学习容易练习难，练习容易坚持难。我们要注意对声音、气息等多方面的坚持练习，调整到多数人比较能接受的程度。有个性又不失磁性、有一定穿透力的音色，到哪儿都会受人欢迎。别人若爱上你的声音，自然也比较容易喜欢你。

以上就是魅力声音的 5 大要素及注意事项，我们总结一下：音调有起伏，音量可调节，音节有快慢，音速可控制，音色要宜人。

增强声音魅力的 5 个方法

1. 符号练习法

关于符号练习法，建议你每天早晨选择几篇文章来读，阅读文章内容时，先通过铅笔用不同符号做记录：需要快一点的节奏，就画一条实线，需要放慢一点节奏，就画一条虚线；需要高音调的部分，就画一个朝上的斜线，需要低音调的部分，就画一个向下的斜线；需要音量大一点，就画一个大一点的圆圈，需要音量小一点，就画一个小一点的圆圈，等等。

这样画完，你再进行阅读的时候，就按整篇文章所画的节奏读，便能做到高低起伏、变化有序了。练习几遍之后，若还想调整一下节奏、韵律，你可以改变标识规律，再画一新方案，然后再按照文章里所标注的新符号的要求，以高低有别、抑扬顿挫的方式去读。

只要你坚持一段时间，你的声音一定会有所改善，相信你讲话的节奏感以及韵律感，就会有所提高。

2. 口型练习法

口型练习法，就是我们可以把自己置身于小学时学拼音的场景，老师教我们读拼音，我们针对不同的声母、韵母，张大口型、一句一句地跟着老师练习，尤其是自己发音不是特别准的地方，我们一定要按发音要求，做到咬字清晰，口型一致，面对镜子进行相关的练习矫正。

3. 三最练习法

这也是疯狂英语创始人李阳曾经提过最多次的方法，叫最大声、最快速、最清晰！可以拿一些文章来练习，不管是中文还是英文的，找一个没人的地方，想办法最大声、最快速、最清晰地读出来，这不仅可以提高自己以后说话的自信和胆量，同时也可以训练自己的口腔肌肉，长期练习，也会让你的声音更有磁性和穿透力。

4. 录音练习法

人自己发出的声音，自己和别人听到的感觉是不一样的，也许你认为自己的声音很好听，但其实并不是那样。所以要利用手机或者电脑把自己说的话录下来，录完了之后，反复听，在复听的过程中给自己总结出来需要改进的地方，一遍遍循环改进，只要你愿意用心，一定会产生不错的效果。

5. 模仿练习法

好的演员，尤其是舞台剧演员、小品演员、二人转演员、相声演员等，都是从模仿开始的。想成为一个说话高手，也可以从模仿开始。

在初期，可以找一些自己比较喜欢、比较适合自己说话风格的名人的演讲去模仿练习，对方的表情、语气、语调、动作、节奏等都值得关注，只要你坚持，就会有改变。

以上就是增强声音魅力的5个方法，咱们再总结一下：符号练习法，口型练习法，三最练习法，录音练习法，模仿练习法。

谈到人们休闲下来用手机消遣的习惯时，喜马拉雅的余建军说过："人们的眼睛已被开发过度，未来声音将成为新的生活方式。"既然有数以亿级的网民需要好的互联网声音作品，你如果能修炼好自己的声音，再加上有价值的内容，通过喜马拉雅、千聊等好的知识分享平台，可以帮助更多的人。好内容，加上好声音，往往就会成为好节目。

关于声音，其实除了大家耳熟能详的语言类节目和歌唱类节目，早在古代就已有靠声音吃饭的职业了，比如说书和口技。说书人，不仅对经典小说倒背如流，而且还能抑扬顿挫地讲出来，引人入胜；除了说书，口技就更加考验声功了，有篇文言文描写过，"口技人坐屏障中，一桌、一椅、一扇、一抚尺而已"，达到的效果却是"百千人大呼，百千儿哭，百千犬吠。中间力拉崩倒之声，火爆声、呼呼风声，百千齐作；又夹百千求救声，曳屋许许声，抢夺声，泼水声"，而"宾客无不变色离席，奋袖出臂，两股战战，几欲先走。"

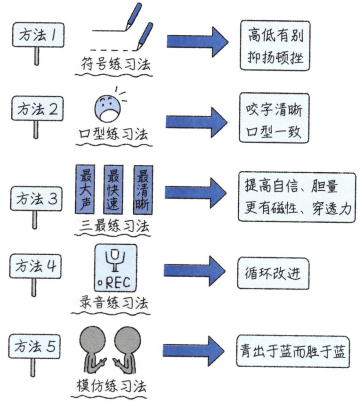

增强声音魅力的 5 个方法

本节的方法，也许不能帮你达到口技人和说书人的声功水平，但若足够重视并坚持练习，至少会帮你成为声音动听、受人欢迎的人。台上每一分钟的闪耀，都来自台下千万滴汗水的积累，期待更有声音魅力的你，可以让更多人未见其人，先听其声。

15 | 体功：肢体语言的修炼

心理学家阿尔伯特·麦拉宾曾经做过大量调研，发现沟通表达三要素的影响力有很大差距，具体比例为：内容占 7%，声音占 38%，而肢体语言可以达到 55% 的影响力。由此可见，肢体表达的影响力要远大于声音和文字，这就是咱们要提高肢体表达功夫的原因。

如果一个人的肢体表达能力很强的话，即使没有声音，没有文字，也照样可以很好地表达自己的意思。聋哑人之间，用手语就能够做到传情达意；战争年代，革命战友用眼神就能做到默契协作；语言不通时，肢体表达能帮你化解尴尬；领导一变脸，优秀的助理就能意会到背后的含意。

生活中也许不需要那么高的肢体表达技术，但我们的确需要知道如何通过肢体语言来加强自己的影响力。

那我们如何提高肢体语言的表达功力呢？在这里我通过 5 个方面给大家提些建议：

（1）肢体语言的 8 字秘诀；

（2）肢体配合的 5 个关键；

（3）常规手势和招牌动作；

（4）手势练习；

（5）站姿练习。

这些都是肢体表达功夫所要必备的要领和注意事项。

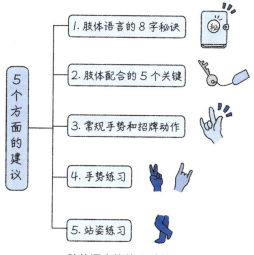

肢体语言修炼5建议

肢体语言的8字秘诀

这8字秘诀很简单，分别是：打开，一体，简单，对称。

1. 打开

肢体语言首先要求的就是打开，舒展放开的姿态，往往能表现出大气自信的一面。所以我们平常的肢体语言不能太过拘束、太过保守。相信以下两种现象，你一定见过。

现象1：在一些大学课堂上，老师坐着讲或站在讲桌后面讲，甚至一上课就把自己埋在多媒体后面，所有人都看不到他的任何肢体语言，光听到其读幻灯片的声音，这样就束缚了肢体语言的表现力。这种情况下，学生不睡觉才怪。除非你是妙语连珠，否则甭想让学生埋单。

分析建议：

好的培训师向来都会把自己全面展现给观众，大学老师也应朝此方向努力，只有你放开状态地讲，学生才会放开状态地听。老师坐着讲，就不如站着讲更有影响力；死板地站在讲桌后面讲，就不如走下来互动着讲更有影响力。

现象2： 生活中，有一些男士把自己的肢体语言完全局限在自己的两肩之内，那就显得特别小气。

分析建议：

要想让别人更好地接受你，建议大家多做伸展运动。平常说话的时候，你的肢体越打开，你就越给对方一种大气自信的感觉。对方也会受你影响，对你的接受程度也就越高一些。

2. 一体

我们要追求一体化的表达，让人觉得你是个灵活的整体，而不是局部刻意地去做肢体动作。有一次，我在一个演讲大赛上当评委，就发现有一个选手，她的肢体语言几乎只停留在两个半臂手势的表达上，也许她太紧张了，把自己的两个大臂紧紧地夹在自己的肩部下边，然后只用了小臂进行相关的表达，显得非常拘束。

肢体语言是一体化的，你的眉毛、眼神、口型、脸部表情，以及你的肩膀、双臂、手势，还有自己的腿部，甚至脚部等，都是和谐的整体。所以，我们要想办法让自己完全打开，并且能够浑然一体地去表达，这样的话才会给别人一种很自然舒服的印象，从而达到影响他人的作用。

3. 简单

肢体语言不要太过复杂，以免影响你主题内容的传递。

我见过有的演讲者，肢体语言表达太复杂了，甚至太夸张太烦琐了。一只手拿着话筒，另一只手在话筒前面不断挥舞、不断地甩，他可能自我感觉良好，感觉自己激情洋溢，挥洒自如，其实这种过分的表现会让观众觉得很烦躁。这种夸张的动作，早已转移了人的注意力，干扰了整体信息的传递，所以我们要把肢体语言简单化。真正的大佬，是一切从简的，就像乔布斯，他的演讲像他的苹果系统一样，极简却极致。

4.对称

你不能单一地只用一侧手势或动作去表达，像独臂大侠一样，既不好看，也很容易让别人产生视觉疲劳，所以我们要想办法双面表达。

我在很多场合演讲时，能用耳麦话筒，就不用手持话筒，因为手持话筒会占用一只手，那么拿话筒的手就不方便做更多的肢体表现。但如果在一些场合必须或只能用话筒的话也没有关系，你只要别一直用同一只手拿话筒就可以。你的演讲时间如果长的话可以换手，这样的对称使用行为，让你和观众都不累。

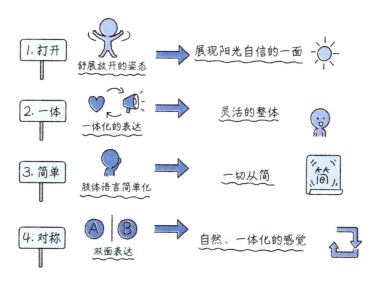

肢体语言修炼的8字秘诀

有一位讲中国式人际关系的大师，我听过他的演讲，其实他的肢体语言特别简单，同时也很对称，他讲知识点时，总是习惯用左手做切剁动作强调一下，再用右手做切剁动作强调一下，最后两手一合来总结一下。他的大部分肢体语言基本就停留在这 3 个简单的动作上，但并不影响大家的接受度和喜爱度。因为他的肢体语言既简单又对称，并且他作为一个长者，给别人一种很自然、很一体化的感觉，这就做到位了。

所以请记住肢体语言的 8 字秘诀：打开、一体、简单、对称。

肢体配合的 5 个关键

因为我们肢体表达是浑然一体的，所以下面这 5 个关键一定要注意。

1. 表情要生动

肢体表达的时候，表情越生动越容易感染人，所以，适当地学一些表演，一定可以提升你的影响力。往往有戏剧天赋的人更易施展魅力，比如演员出身的美国前总统里根就非常有感召力。

2. 眼神要传神

要善于通过眼神传情达意，因为眼睛是心灵的窗户，很多内在的心思和情绪有时通过一个眼神就能够让对方意会。

3. 手指要比画

我们要解放自己的双手去传情达意。比如说强调的时候就要有切剁的动作，分点解释的时候就要有手指比画的动作，我们意有所指的时候就要有指向的动作等，只要把我们的双手拿出来，打开并置于前方，自由地表达，就会起到很强的辅助作用。

4. 肩腰要配合

肢体语言不是局部动作，而是一体性动作，尤其是强调一些事情的时候，握拳号召的时候，肩腰的配合往往更容易让你表达信心，传递力量。

5. 道具要准备

应景的道具，往往会增强表达效果，有些时候除了自己的肢体表达，你还要学会借用道具，因为道具往往更能抓住对方的注意力，比如上舞台时用个铁杆挑个未解开的锁以抓取大家注意力，以及李敖演讲现场扔卷轴以证明自己的不满和委屈，包括《老梁故事汇》的梁宏达做节目时手里总有一把扇子，其实就是借助扇子增强了自己的表达效果。这些都是借用道具进行表达，往往让别人印象深刻。

这就是肢体配合的 5 个关键，经常练习你一定会有所收获。

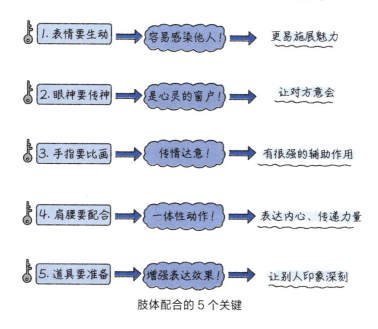

肢体配合的 5 个关键

常规手势和招牌动作

一般情况下，我们在演讲过程中会用到哪些手势呢？

情景1：你讲到关键处，想让大家集中注意力；或者在嘈杂的环境下，你想让大家安静一下。

常规手势：

你可做的常规手势就是拍手，"啪啪"两下，再两手打开掌心朝下，这样就比较容易引起大家的注意，并让大家立刻安静下来。

情景2：你想对其他人表信心表决心时。

常规手势：

握拳，握拳往往代表信心，再结合坚定的眼神就更好了。

情景3：你想对观众起到强调重点的作用时。

常规手势：

切剁的手势，切剁手势代表强调，你不管是用手指切剁，还是用你的整只手伸展开来切剁，都很容易起到强调的作用。

情景4：你想表达自己释然的态度时。

常规手势：

摊开双手，不仅是一种坦然开放的表现，还可以给人解释分享的感觉。

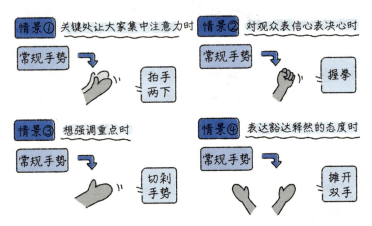

肢体语言的常规手势

除了这些常规手势，有些人还想要有自己的招牌动作。要想打造自己的特色风格，不能太刻意。大家都知道，小沈阳一句"为什么呢？"，岳云鹏一句"我的天哪"，宋小宝一句"你个损色"，一句话配一个萌萌的动作就火遍了大江南北。但他们毕竟是笑星，并且有媒体的推广。对我们普通人来说，想让别人通过你的语言表现记住你的风格，就不仅仅是一个肢体语言的事情。所以在招牌动作方面，只要你做起来舒服，并且感觉很霸气，很有信心，就可以了。

招牌动作符合这四点就可以，第一自信，第二自然，第三自如，第四自控。只要你做出这些肢体表现，就是很有影响力的肢体语言了，不需要刻意模仿他人。

就像拍自己的形象照时，有些人比较喜欢抱肩，有些人比较喜欢伸着自己的食指指向前方，有些人比较喜欢竖起自己的大拇指，有些喜欢双手伸大拇指等，不同的人，习惯也都不一样，所以只要符合自如、自然、自信、自控就好，不要太过刻意。

手势练习

手是我们肢体语言中影响他人最重要的部位之一，下面跟大家讲5个手势练习方法。

1. 自信尖塔式手势

尖塔式手势就是双手手指的指端一对一地贴合，大拇指朝上，其他的四指指尖朝正前方，两手的中间空出来，体现出一种控制气场的感觉，代表着自信。

需要注意的是，不要把并拢的四指指尖朝下，因为那样的话很难传递自信的感觉。指尖朝下的动作不仅不会给自己增加自信，还会给别人留下非常不好的印象。演讲、面试等重要场合，自信尖塔式手势，都会让你显得更自信。

2.单手练习

我们可以把一些常规手势或招牌动作，有意识地结合语言进行不同的单手练习，每年我们都会开设夏令营等集训，其中一个目的就是加强训练我们对有些思维和方法的使用，在手势上也有很多要加强的，比如切剁手势、展开手势、推出手势、回收手势等很多手势语言，只有不断练习，才能养成用手势表达自己的习惯。

3.四区练习

我们可以把手势练习，主要放在上区、中区、下区、侧区 4 个区域范围内，有意识地进行伸展性练习，就是在上半部、正前方、下半部和侧方等方向，经常做手势练习，这样一来，你就不会在真正需要辅助性表达的时候而放不开。

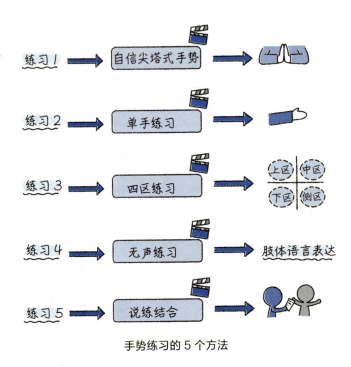

手势练习的 5 个方法

4. 无声练习

无声练习就是拿一篇相关的表演式练习的文章，按照文章所描述的情景，不通过说话，而是想办法用自己的手势把它表演出来，这样可以提高肢体语言表现力。

5. 说练结合

可以找个好搭档，找篇情景式文章，他读你演，他说什么，你就要做出来什么，类似于双簧，这样的说练结合非常有利于肢体语言表达能力的提高。

站姿练习

肢体语言练习的最后一个方法也比较简单，站姿练习要求的是，在我们跟人说话的时候，一定要有非常好的仪态。

尤其是在演讲时，不能歪歪斜斜的，不能太过随意，所以平时要很严格地要求自己，男士演讲时，两脚与肩同宽，不宜并拢，而女士演讲时，就要适当收拢才好看。

肢体语言的表达也是要不断地练习，才能够成为自己信手拈来的一部分，希望这些内容能够对你体功的提升有所帮助。

16 | 妆功：妆容仪表的功夫

　　在职场，尤其是在很多的商务场合，我们在别人眼里第一印象的形成，往往首先来自我们的妆容仪表，妆容仪表往往是别人判断我们的重要依据。妆容仪表是否讲究，决定着别人对我们第一印象的好坏，决定着别人对我们的接受程度，决定着彼此合作的可能性。如此看来，妆容仪表是我们人际交往和商务合作的关键因素之一。所以我们每个人都应该非常注重自己的妆容仪表。

　　那么我们如何去有效提升和改善呢？本节我们从 5 个方面给大家提供一些有效的建议。

妆容美的三层次

　　层次 1：自然美，至真。需要的是自然朴素大方的纯真的气质。

　　层次 2：修饰美，至美。需要的是经修饰而能突出你优点的至美外

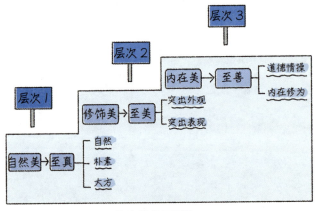

妆容美的三层次

观和表现。

层次3：内在美，至善。需要的是在道德情操和内在修为方面不断提升的至善品质。

至真至美至善，不需要过多的解释，相信大家也比较好理解，那我们的终极目标是什么？就是争取使这三种美能够高度统一，真正地达到秀外慧中、表里如一的境界。

除了这三层次，接下来聊聊妆容美的三要求。

妆容美的三要求

1.自然

关于化妆的艺术，曾有全球最知名的化妆师这样总结：

（1）**最高明的化妆：**经过非常考究的化妆，让人看起来好像没有化过妆一样，并且这化出来的妆与本人的身份匹配，能自然表现一个人的个性与气质。

（2）**次级的化妆：**把人凸显出来，让她醒目，引起众人的注意。

（3）**拙劣的化妆：**一站出来别人就发现她化了很浓的妆，而这层妆是为了掩饰自己的缺点或年龄的。

（4）**最坏的一种化妆：**化妆后扭曲了自己的个性，又失去了五官的协调，例如小眼睛的人却化了浓眉，大脸蛋的人竟化了白脸，阔嘴的人竟化了红唇……

所以说，化妆的最高境界是有妆似无妆，是自然。

2.协调

我们要注意哪方面的协调呢？

（1）**妆面协调：**要针对脸部个性特征去化妆，突出自己的优势和个性美，不能以化妆掩盖了自己的个性。

（2）**全身协调：**全身协调包括你的面部、发型、服饰方面，比如说高矮胖瘦有不同，穿搭和妆容都要有所区别，结合自己身材特征的妆容，才会让你更容易被接受，这是全身协调。

（3）**场合协调：**比如说日常办公的时候略施淡妆就可以了，出席舞会、宴会的时候可以浓妆伴之，当然追悼会的时候要素衣淡妆。

3. 美观

若要做到美观，首先要有自知之明，必须了解自己的脸型和各部位特点，孰优孰劣自己心中要有数，否则很容易弄巧成拙。其次是要会扬长避短，通过化妆、美发或者矫正等各种途径，变拙劣为俏丽，让容貌更加迷人。

妆容从头发开始

因为头位于人体的制高点，更容易引起别人的注意。正所谓"女人看头，男人看腰"，在别人眼里，一个女人的美往往首先是从头开始的，足见头发的美化和造型有多重要。

而男人看腰，说的不是腰带要买多名贵的，而是腰带及周围要干净整洁，够讲究，不要束不专业的腰带，比如帆布带，也不要在腰带周围挂任何东西。有些男同志把钥匙扣扣在腰带上，甚至还有手机、玉佩、瑞士军刀、枪式打火机等乱七八糟的东西挂在腰带上，乍一看是很阔气，其实暴露得越多就越显得没内涵，真正有内涵、懂礼仪的人不会这么打扮！

好了，继续回到头发的美化上，这里有3点建议。

1. 勤梳洗

在理发方面男士一般半个月左右一次，女士可根据个人情况而定，但时间最好不要超过一个月，哪怕是长发也要适当地修理。洗发就更应该勤一些，应当在两天左右就进行一次，间隔不能太长。若有重要的交际应酬的话，那应该在事前再进行一次洗发、理发、梳发，甚至做一下造型。

同时记住，此类活动应在私下完成，千万不要当众进行。比如你当着别人的面梳头发就显得太没有礼貌了。尤其是有些人易生头皮屑，更要注重勤梳洗，必要的情况下用药调理一下。

2. 长短适中

我们要考虑的第一点就是性别因素，职场对头发的长度大多有明确的限制。

（1）**女士**：女士头发不宜太长，必要时应以盘发或束发作为发型。你想如果你在职场上披肩散发，给顾客倒杯水，不小心头发甩过去从水面掠过，你说人家喝还是不喝？或者你一不小心再甩一次，对方的眼镜被甩掉了，那人家还谈不谈？所以在职场上对女士头发要求一般是盘发和束发。

（2）**男士**：男士不要留过长的鬓角和刘海，不宜光头，头发最长不要披肩，给人一种安能辨我是雄雌的感觉，那就不好了，职场毕竟不是搞艺术。

同时还要考虑身高或者年龄等相关因素，比如说，一个人个头本身比较矮，你再留个长发就会显得更矮了。尤其是女士，留长发的长度，应与身高成正比，高个儿留长发会显得很和谐。

3. 美化自然

这方面我们也要注意，平常要懂得保养，就像公园或社区的草坪，不修剪它，它也照样生长，那我们为什么还定期去修剪草坪和除草灌溉呢，因为"美得自然"和"自然的美"是不一样的。我们不仅要具备自然美，我们还要美得自然。比如烫发、染发和假发，都是生活中常见的美化方式，但必须追求和谐两字，一定要跟自己协调。

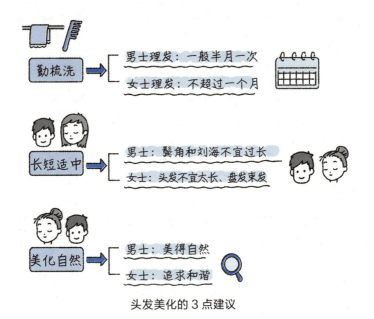

头发美化的 3 点建议

"男三无" 和 "女三不"

1. "男三无"

指的是男士的面部一定要追求无须、无疤和无渍。

（1）**无须**：不要留太长的胡须。

（2）**无疤**：尽量对疤痕进行一下处理，通过掩饰技巧不让疤痕太凸显。

（3）**无渍**：脸上不要有脏东西，比如说眼屎，比如说吃完饭留下的饭渍，或在牙上留下一些东西，这些都是非常不符合礼仪的表现。

2. "女三不"

●一不：不当众化妆补妆

我们在餐厅、公交车或地铁上，经常会发现有女士顺手从包内掏出化妆盒就开始对着镜子描眉画眼，还有在公共场所梳头、换衣甚至剪指甲等，这些行为在化妆间或卫生间里解决更合适，当众做其实就是在当众出丑，尤其是在正式场合。

● **二不：不在正式场合无妆**

女士在出席一定的商务场合时，如果一点妆不带，也代表对场合或人物的不够尊重，无妆甚至有时会被称为"裸奔"，在正式场合是不合礼仪的表现。

● **三不：不消极美容**

有些女孩子太刻意美白瘦身，为了快速改变，不惜在脸上用一些化学成分很高的药，使得皮肤受到严重的刺激。所以要注重科学美容，通过科学睡眠、有氧运动和饮食调养肤质。

接下来我们来了解社交中的着装原则。

社交着装四原则

1. TPO 原则

TPO，3 个字母分别代表 3 个单词，time，place，occasion，时间、地点、场合。我们着装时，要注意适时适地适场合搭配应景的服装，这样走到哪里都会很入流，很容易受人欢迎。

2. 整体性原则

整体性原则就是整体搭配要协调，比如说有些人运动裤配皮鞋，这是容易闹笑话的。

3. 整洁性原则

要干净整洁，让别人不拒你于千里之外。

4. 个性原则

为了给别人留下比较好和深刻的印象，你可以根据自己的高矮胖瘦突出自己的个性美。比如：

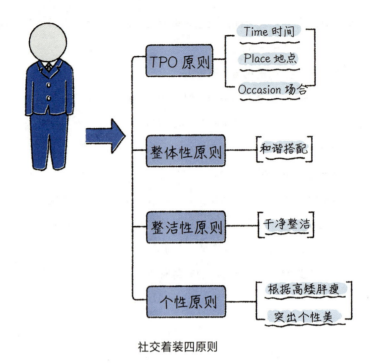

社交着装四原则

（1）**身材较高的人**，上衣宜稍长，配以低圆领或宽大而蓬松的袖子、宽大的裙子、衬衣，这样能给人以"矮"的感觉，衣服颜色上最好选择深色、单色或柔和的颜色。

（2）**身材较矮的人**，不宜穿大花图案或宽格条纹的服装，最好选择浅色的套装，上衣应稍短一些，使腿比上身突出，服装款式以简单直线为宜，上下颜色应保持一致。

（3）**体型较胖的人**，应选择小花纹、直条纹的衣料，最好是冷色调，以达到显瘦的效果，在款式上，胖人要力求简洁，中腰略收，后背扎一中缝为好，以"V"形领为最佳。

（4）**体型较瘦的人**，应选择色彩鲜明、大花纹以及方格、横格的衣料，给人以宽阔、健壮的视觉效果，在款式上，瘦人应选择尺寸宽大、上下分割花纹、有变化的、较复杂的、质地不太软的衣服，切忌穿紧身裤，也不要穿深色的衣服，这样会获得健美的色彩效果。

妆容仪表是门功夫，也是人生必修课。当林青霞和赵雅芝在《偶像来了》中出镜时，全国网友都炸了锅，足见一个人的综合气质有多重要。望本节内容作为妆容仪表的启蒙篇，作为你学习更多妆功的开始，直至打造出你最靓丽、最有气质的社交名片。

17 | 知功：知识架构的积累

不积跬步无以至千里，不积小流无以成江海。学习分为两部分，输入和输出。获取知识属于输入，分享运用属于输出，没有输入就没有输出。由此可见，良好的交际表达能力，离不开足够的知识底蕴。知识在口才应用上到底能起到多大作用呢？

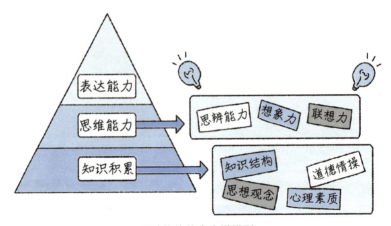

口才修炼的金字塔模型

由上图可见，对一个口才高手或交际达人而言，在知识积累、思维能力和表达能力三项必备因素中，知识积累最为重要，甚至起着决定作用。如果积淀不够，即使学了一些表达技巧，也是"巧妇难为无米之炊"。

为了拥有好口才、好人际关系，我们该如何去做知识积累，增加自己的底蕴呢？本节我们从 3 个方面来学习。

提升知功的 3 方面建议

第一方面：知识积累的途径和原则

想做好知识积累，就要善于随时随地搜集语言素材，并善于归纳分类。

在这个信息爆炸的时代，我们拥有手机、书本、报刊、广播、电视等各种信息传播途径，这些都是我们可以搜集素材的渠道。我们需要努力做到的，是怎样利用零碎的时间，筛选出对我们有用的信息，从而不断完善自己的知识结构。

虽然人们对碎片化信息的价值褒贬不一，但利用好碎片化时间，搜集、归纳好碎片化知识还是很有必要的，因为你不知道你下一个见到的人会对什么感兴趣。

其实，我们平时搜集语言素材的途径有很多，下面举例说明一些分类搜集的方向。

● **分类收集语言素材的途径**

（1）**生活常识**：善于从生活的一点一滴中用心反思，并有意识地记录、归纳、总结。

（2）**社会经验**：这需要我们平常多一些阅历、经历，并善于从实战中总结。

（3）**随时请教**："三人行必有我师"，只要保持空杯心、好奇心和求知欲，懂得提问，随时都能学到东西，要养成习惯，把自己所请教到的、所领悟到的总结出来。

（4）**媒体传播**：平常要多关注新闻，多关注时事，可以在今日头条、百度、喜马拉雅、微信公众号等平台多订阅一些类目，这些会增加我们的知识面。

（5）**名家名篇：** 要多拜读一些名家名篇、散文经典、著名小说等大师级巨作或广为传颂的文章。

（6）**修辞典故：** 修辞，指的是对使用比喻、拟人、夸张、排比、对偶等修辞手法的好句子，要善于积累和拆解应用；典故，指的是对历史典故、诗词经典等内容，也要注意积累，厚积才能薄发。

（7）**乡土风俗：** 要多了解各个地方的乡土风俗，我们对各个地方了解得越多，见到不同地域的人，才不会让自己显得孤陋寡闻。我们谈资越多，就越能和不同的人打成一片，越能够成为受欢迎的人，从而进化成交际高手。

（8）**逸闻趣事：** 平常要有一双善于发现美的眼睛，善于挖掘一些娱乐信息，更要有善于总结的头脑和善于输出的习惯。这是一个有人群就有八卦的时代，也是碎片化时间利用的时代，如果一个人不去留意一些逸闻趣事、八卦新闻，就好像脱离了人群，如果今天你不会讲段子，那就真的OUT了。讲到这里，给大家拓展一个全新的观念：会玩也是一种能力。关于这一点，推荐大家看一本名为《全新思维》的书，里面有详细的阐述。

在这里重点提一下搜集好句子的习惯，很多演讲者总是妙语连珠，往往都是有原因的。如果你也想脱口成章，说出的话都给人脍炙人口的感觉，你不一定需要多强的原创能力，但你一定需要大量积累和重复练习。在重复练习的过程中，就比较容易找到语感，有语感，就比较能娴熟地应用或改编套用。一个好的句式，往往就自带影响力。比如在人际交往上的一句话"一个人想要多成功，关键看他能跟多少人发生关系，以及发生关系的程度"，这样的双关句既有一定的幽默性，又有一定的启发作用。所以，我们平时要多搜集一些双关、对偶、排比、对比、比喻、夸张的句式，我们积累掌握得越多，就越可以信手拈来，引经据典，提升自己的说话水准。

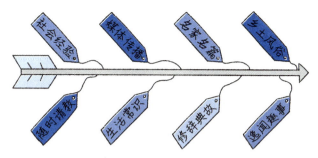

收集语言素材的途径

● **收集语言素材的原则**

原则 1：先定位主题，再有针对性地搜集。在知识积累上，尤其是想成就自己在某个领域的专业性，就更需要有针对性地搜集。比如说，你定位自己要成为一个团队管理精英和人际关系高手，那么平常在涉猎各种学习途径的时候，就要有意识地在团队管理和人际关系方面多一些侧重和搜集。

原则 2：处处留心皆学问，总结整理是关键。只要我们平常用心发现并勤于总结，其实随时随地都可以长知识，关键是你有没有学习的心态。同时，一个不善于总结整理的人，即使你学过很多，未来也很难去有效地输出或应用。

第二方面：读书习惯之读书摘录法

在读书方面给大家一个建议，很多人读书的时候，习惯一口气把书读完，没有任何标记，读完了只留个大概的印象，里面曾对自己有启发作用的知识点，也慢慢地淡忘了。

我们每读一本书都应该能留下点东西，将来有一天还可以温故而知新，也可以拿来就用，要想做到这点，可以采用摘录法读书，方法虽然简单，你也可能听说过，但重要的是，你真正这样去做了才会有用。

在读书摘录法上，给大家提 5 个关键字：标、记、印、分、整，方便大家以后读书能够提升效果。下面具体解释一下。

● 第一个关键字：标

在读书的时候，我经常给学生提的建议就是"无笔不读书"，我们买来一本书，在自己读的过程中，要有意识地去标注，有用的或者感兴趣、有启发的点，我们应该在旁边加个点或者打个钩，以便记录整理。

● 第二个关键字：记

标完了之后就是记，一本书读完，可把这本书中已标记的内容按规律整理出来，方便以后快速回顾。怎么记？我们针对那些打过钩的、折过角的或者是画过圆点的地方，找一份备忘录纸，记成如"P×× 页（起始内容简记）……（结束内容简记）"，一本书读完，也许一张 A4 纸就把所有要点记全了，以后回顾这本书时，也非常方便了。

● 第三个关键字：印

第三步是印，复印。对你有用的信息都记在了 A4 纸上，为了方便留存及未来参考，就把它复印一份，一份夹在自己的书里，另外一份放到自己对应的知识管理文件夹里，这个文件夹就是你自己平常用来整理、存放读书笔记的。

● 第四个关键字：分

分就是分开装，书里和相应知识文件夹里都要分别留上一份，如果你定位自己要成为一个团队管理专家和人际关系高手，你有这两个定位，就需要把书里有关这两方面的知识点分别记到不同的纸上，记完了再分别印，印完了再分别装在团队管理文件夹和人际关系文件夹里，以便未来参考使用。

● 第五个关键字：整

整就是整理取舍，完善目录。不仅书要有上架分区，文件夹里更要分区，每添上一份总结性材料，就要完善目录，以便后期查阅。随着文件夹里新添内容的增多，我们就要进行分区管理，比如以文件标题名的首字母进行分区管理。

这里谈到的读书摘录法，虽说简单，但只要坚持这样的好习惯，一定会对你的知识积累和输出都非常有帮助。关于更多读书方法，推荐《如何阅读一本书》给大家，里面讲得更具体。关于整理归纳，推荐《断舍离》给大家，也很有实用价值。

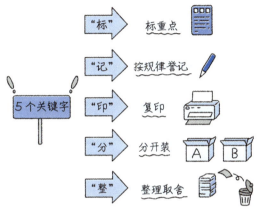

读书摘录法的 5 个关键字

第三方面：高效学习的 3 种路径

无论从知识积累的角度，还是从解决问题的角度，读书都并非最高效的方式，当然，一味盲目地实践更不可取。要想让自己用更短的时间积累更多精华或更彻底地解决问题，你需要抓住以下 3 种学习方式。

● 线上找精品

随着移动互联网技术的发展，人们通过手机学习已不是难事。但如何从泛滥的知识大潮中学到精品，从而节约自己的时间成本和金钱成本，成了很多人面临的难题。好在 2016 年迎来了知识付费的新浪潮。不管是喜马拉雅、网易云、得到、果壳、在行、分答等知识付费平台的试水，还是千聊、荔枝微课、小鹅通等基于微信生态系统的知识共享平台的诞生，多平台的市场培育和竞争，已让知识付费行业渐趋成熟。

随着知识共享平台对精品课程的评测机制和对优质导师的推荐机制渐趋完善，优质而适配的订阅服务，在内容生产者和学习需求者之间搭建了很好的桥梁。北大教授薛兆丰把自己以往讲授的《经济学原理》和《法律经济学》进行优化，搬到线上，付费订阅他课程的学生突破了 20 万人，数倍于他在北大多年教学的人数，堪称现象级事件。由此可见，人们学习的习惯正在逐步走到线上，我们每个人都不能回避，反而要善于利于不同平台的特点属性，找到最适合自己的订阅栏目，来加速成长。知识付费不仅有利于人们高效筛选信息，同时也激励更优质内容的产生。

过去我们可能要经过大量阅览图书或实践验证来积累某方面的知识，要耗费大量的精力，而现在只需花几十元到几百元的低成本，就可以去订阅那些大咖为我们总结的系列知识和经验，通过这些知识付费平台，让专业的人为我们服务，从而大大提高学习的效率和效果。

● **线下找训练**

线上学习着实能让我们利用碎片化时间做更多的知识积累，能让我们在短时间内拓宽我们的认知，但从知识应用、知识深度、监督落实等角度来说，还是离不开线下训练。尤其是技能型知识，没有科学的指导训练和输出实战的机会，很难真正掌握。

虽然我在千聊上线的《让收入倍增的 12 个销售驱动引擎》等系列课程，学习人次早已突破了 10 万，但仍有很多学员或企业邀请我给他们进行线下的销售培训，也有很多订阅过我喜马拉雅专栏《成为交际高手的 72 套功夫》的学员，继续参加了我后期的线下集训课。线上结合线下的学习形式，往往会让他们蜕变。也许这就是对线下训练优势的最好诠释。

● 私下找顾问

请教练顾问或智囊团就是个性化问题的最佳解决方式了。因为任何能力的通性培训过后，在具体执行过程中都必然会遇到个性化的问题，而此刻就看你有没有能力找到那种有丰富经验的人给你做个性化指导了。

不知何时，培训圈里流传起这样一句话："三流智慧在书中，二流智慧在培训课堂上，一流智慧在培训师脑袋里。"难怪很多老板和公司都会花重金组建自己的顾问与智囊团，因为在很多的个性化问题面前，除了求诸智库，没有更快更好的方法了。这些注重学习质量并很懂学习方式的人，往往在学习上也非常清楚以下鲜为人知的 5 大"机会成本"。

● 学习的 5 大"机会成本"：

（1）**选学的成本**。在知识泛滥的当下，若无丰富的阅历和经验，最好多请教前辈，否则走弯路是必然的。

（2）**学的成本**。读书进度慢、不会总结、学完忘完、不讲方式方法的现象时有发生，最终浪费的时间再也无法弥补，所以慎重选择学习方式和请教专业人士在所难免。

（3）**学错的成本**。让一个想快速赚钱的年轻人天天研究国学，或让一个事业有成的企业家天天研究销售，无异于缘木求鱼，最终的结果定然是适得其反，浪费时间。

（4）**学透的成本**。学东西最怕一知半解，只知其然而不知其所以然，这样最容易断章取义，若没有贵人指点学透，终会半途而废。

（5）**学用的成本**。想将不同领域的知识学以致用，都免不了适时适地有效练习，否则学无所用或学了却不知道如何用，难免背离了学习的初衷。

由此可见，学习路径的选择至关重要，选择不同，效率效果不同，潜在代价也不同。

从读书，到线上找精品，再到线下找训练，再到最后的请教教练顾问等学习路径，越往后显性投入越大，而汲取知识的效率效果及隐性回报也越大。

知识积累，作为交际达人或口才高手的基本功，关键在于养成积累的习惯并学会快速积累的方法，在此节我们就简单地抛砖引玉于此。我相信，每一个真正爱学习的人，一定会在学习的过程中找到适合自己的方法，如果你有关于知识积累更好的方法，也欢迎你关注我的公众号"卢战卡"，把好方法共享给更多的朋友。

第四篇

CHAPTER 4

公开演讲是
练习的最好方式

18 | 创功：创作经典讲稿

无论在工作中，还是在生活中，我们很多时候都需要做公共演讲，但是如何创造一篇既符合自己风格，又受人欢迎的演讲稿，是一件让人焦头烂额的事情。创功就是创作演讲稿的功夫，虽一节内容不能具体讲述所有方法，但我会在如何开场、如何结尾、主题定位和风格定位等方面，提供一些行之有效的方法，帮你快速打造经典演讲稿。

演讲目的

一般演讲无非 3 种目的。教育，给人收获；娱乐，给人体验；激励，给人力量。

你的演讲至少要起到其中一种作用，才叫合格的演讲。否则，别人

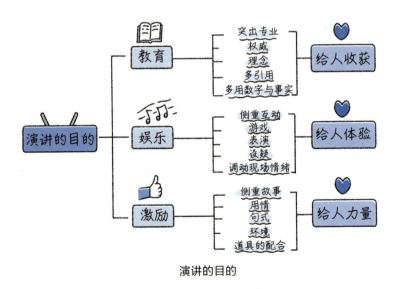

演讲的目的

听完你的演讲，既没有收获，又没有体验情绪的震撼或愉悦，更没有获得正能量或找到自己的方向，那你的演讲肯定是很失败的。

为了起到不同的作用，你在演讲稿内容安排上，要注意：

（1）教育：要突出专业、权威、理念，多引用，多用数字与事实。

（2）娱乐：要侧重互动、游戏、表演、设疑、调动现场情绪。

（3）激励：要侧重故事、用情、句式、环境及道具的配合等。

一般情况下，演讲目的以一个为主，另外两个为辅，提前定基调、提前规划才能为你的演讲成功打下基础。

主题选择

在演讲主题的选择上，我有 3 个建议。

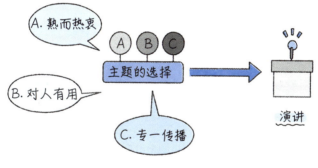

演讲主题的 3 个建议

1. 熟而热衷

熟，才能生巧，才能自由演绎不紧张；热衷，才有感染力，才会真情实感够动人。所以，要选那些你熟悉并且有热度的主题。

2. 对人有用

人际交往，要以对方为中心，演讲也是一样，首先要关注的是能为对方解决什么问题，能给对方提供什么好处和帮助，而不是自言自语，自娱自乐。

3.专一传播

即兴演讲或主题演讲，时间往往都是限定的，如果想在有限的时间里传播多元化复杂的知识点，那就是搬石头砸自己的脚，因为你有可能什么都没讲好。所以，要注意专一传播的重要性。这样反而会让你更有创造力，让你讲得更深入人心。所以我建议一个演讲讲透一件事，讲透一个理念就很不错。

演讲稿风格定位

演讲稿风格一般会有 3 个。

（1）**故事型：** 重寓意。这是最常见的类型。悬疑、动情点、画面感、转乘启悟都不能少。

（2）**事理型：** 重推演。一般是现象分析新角度。要求逻辑思路清晰、通过推理启迪人心。

（3）**论证型：** 重佐证。要求知识面广，且专业度高。往往旁征博引、引经据典都是常事。

在很多演讲大赛中，凡是能走到最后的选手，大多都是故事型。如果场合允许的话，还是采用故事型风格比较好一些，因为故事型难度不大，最好是通过你亲身经历并且非常熟悉的事情，去启发一个理念，这样既方便驾驭，又容易抓住听众的注意力，因为人人都喜欢听故事。

演讲稿开场忌讳

一般情况下，演讲稿开场白有 5 大常见忌讳。

忌讳 1： 偏题，即文不对题。开场后跑题太严重，很难让人听下去。

忌讳 2： 随意，即漫无目的。开场时漫无目的地废话连篇，会让听众觉得乏味。

忌讳 3： 无力，即缺乏吸引力。开场太平淡，缺乏爆点，很难抓住大家的注意力。

忌讳 4： 过谦，即过分谦虚。刚开始过分谦虚会让人觉得你不真诚。

忌讳 5： 浅见，即见解浅薄。一上来就暴露自己在才识或见解上相对浅薄的一面，会让听众对你的第一印象非常不好，以至于听众对你后面的内容也会带有成见。

优质开场白的 3 种方式

1. 示好

为了拉近与听众的感情，培养听众对你的好感，你开场时就要学会迎合大家的心情，可以抓住对方的某个优点巧妙赞美，也可以一上来就说明你接下来会给大家带来什么好处，因为每个人都会对自己能得到什么更感兴趣。就像 TED 上一位情感专家的开场白："从现在开始到 15 分钟后，当你踏出这扇门时，你会在你的工具箱里带上三项有关幸福的东西。"

除了示好，刚开始的感谢致意还是不能少的，这叫有礼有节。尤其是在正式场合，上来都要感谢两种角色，一是感谢这个活动的重量级嘉宾和重量级组织的支持，同时也要感谢所有观众对这场活动的支持，这样也可以拉近大家的距离。

2. 发问

为了吸引大家的注意力，开场时你可以提一些大家比较关注的问题，比如"相信每一个走进这个会场来听这场演讲的人，心里都带着这样或那样的问题，你的问题是什么？我知道有些人关注……，有些人关注……，但不管你的问题是什么，今天我都可以给大家一个非常圆满的答案，因为我为这场演讲做了充分的准备，我相信你一定可以不虚此行，满载而归。"这就是通过发问抓住大家的注意力，并且让大家知道他今天来这儿是来对了。

3. 塑造

要通过一些成功案例，为自己的演讲争取一定的话语权，解决大家为什么要听你讲的问题。把自己在这方面的专业性、过往的成就或者是典型的经历等塑造描述好，让别人觉得你在这方面确实是非常有发言权的，对你后面要讲的内容就会有所期待。

以上就是开场时抓住人心比较有效的 3 种方式——示好拉近感情，发问吸引注意，塑造让大家有所期待。除了以上方式，其实开场白还有 4 类组织思路，具体有 12 种经典技巧，在后面的"开功"会专门讲到，那些都是开场白的具体技巧。

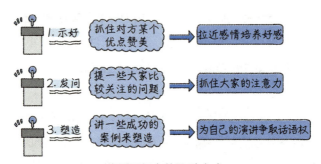

优质开场白的 3 种方式

中场主体内容设计

第一部分：主体分享三原则

原则 1： 易接受。你所有内容的安排，要考虑大家的接受程度。

原则 2： 顾情趣。你得能感知并照顾大家的情绪和兴趣。

原则 3：重引导。注重对大家情绪和话题方向的引导。

这是我们整个正文部分要讲究的三原则。若不够重视，很有可能就是一场乏味的演讲。

第二部分：主体内容布局的两个通用模式

模式 1： 线索三部曲

（1）**问题。**通过一种现象引出问题，放大问题到必须要解决的地步。

（2）**原因。**问题之所以存在是因为什么，要对症下药。

（3）**方案。**揭传统处方的弊病，并论证你的方案是最好或目前唯一的办法。

模式 2： 论述三部曲

（1）**重点。**由现象引出你的观点，可能不止一个。

（2）**依据。**通过举例摆事实来论证你的观点。

（3）**故事。**由故事或场景重现引述深化你的观点。

为了提高行文过程中条理清晰的程度和应激反应的能力，我给大家推荐 3 个实战演练的方法。希望在业余时间一定要不断地去练习，提高你的演讲力。

第三部分：条理性和反应力的三项练习

第一，凡事用三。针对任何开放式问题或现象，你都尽可能用三点去回应。如果你每天都要求自己至少做 10 个"凡事用三"的练习，相信你的应激反应、语言能力会大增。比如说今天参加完这个活动我最大的感受有三点，分别是什么。让自己即兴去思考，既然都概括地说了有三点，即使编也得编出来，这样便能训练你组织语言的能力。不用什么都准备好了再去讲。

第二，压缩串联。 站在记忆的角度来说，一句话在 5 个字之内更有利于记忆，用重点突出的方式串讲你的内容，比较容易让你记住更全的知识点。所以你会发现，我每讲到一些知识点时都会总结，且基本不会超过 5 个字。为什么？因为只有你先记住，才能理解消化。如今天我教大家沟通时，上来就说接下来学习沟通的 120 个方法。相信你听完之后立刻压力就增加了，不利于记忆。

第三，高速运转。 有人会疑惑：人的气场是怎样来的？若有机会你可以去观察那些脱口秀演员，那些脱口秀主持人，你会发现这些人很有气场。气场是什么？气场等于高速运转的大脑。在大脑高速运转的状况下，你的气场就会非常足。关键是我们太懒了，不愿给自己快速反应的机会，所以我提到那些方法，就是希望大家以后说事情的时候都能养成凡事用三和压缩串联说重点的习惯。当然，多逼自己上台、参加应激式训练，以及扑克牌互练法等，都能训练我们的快速反应能力，提升我们的气场。

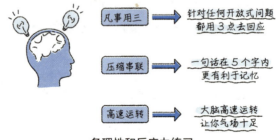

条理性和反应力练习

收尾的设计

俗话讲：编筐编篓，全在收口。一个好的演讲者不仅要有好的开始、中场，最重要的是你在演讲结束时给大家留下什么印象。

第一部分：演讲收尾的三部曲

● 回顾要点

在结尾的时候，要让大家知道你刚才究竟讲了什么，教育型演讲尤其有必要回顾要点，"刚才我们通过……时间，分析了……问题，让我们一起回顾下要点，1.……，2.……，3.……"回顾要点不仅加强了大家的记忆，也会提高大家对你演讲内容的满意度和好评度。

● 呼吁行动

呼吁行动，就是本着什么愿景，用提诉求的方式去倡议，就比如用"我们今天既然通过演讲把这些事情分析清楚了，我们就要学以致用，我们就要有所行动，所以为了……我建议大家……"等话术呼吁大家行动起来。

● 感谢听众

分享完，要感谢听众，也是有礼有节、善始善终的表现。

第二部分：完美收官的三模式

● 讲故事

在结尾处，可以讲一个启发演讲主旨、引起大家深思的故事。其实有一些有通用价值的故事，经常被用在演讲的结尾，下面这个故事就是。

在一个山村，有一个非常聪明的小孩，他特别喜欢掏鸟蛋，有一次他在掏鸟蛋的过程中抓住了两只小鸟。他就一手一只地拿着，找到了当地最有智慧的老人，并问他："老头子，你告诉我，这两只小鸟是活的还是死的？"老人微微一笑，告诉他："如果我说是活的，你一用力它们就死了。如果我说是死的，你手一伸开，它们就活了。其实答案不在于我说什么，而在于你怎么做，因为它们的命运掌握在你的手里。"

很多演讲者，讲完故事，就会立马过渡到自己的主旨上："今天这堂课马上也要结束了，其实你到底能不能……不在于我讲了什么，而在于你怎么做，因为命运掌握在你自己手里，只要你坚持……你就一定可以……"

● 引名言

我以前在高校讲座，结束的时候会送给大家三句忠告。第一句是"马云曾经说过：人到中老年的时候，不会为年轻时做过什么而后悔，而会为年轻时没做过什么而后悔。希望大家……"第二句是"李嘉诚曾经说过：任何事情宁可了解明白而不去选择，也不要放弃深入了解的机会。相信大家……"最后我会拿一句话共勉："在我们每个年轻人奋斗的历程中，不要让爱你的人等太久，也不要让笑你的人笑太久。预祝各位……"

这就叫通过引名言的方式做最后的结尾，这样的话会提高你整个演讲的高度。所以我们平常要多积累一些名言，在演讲结束的时候引用名言，能提高一下整体演讲档次，并起到画龙点睛的作用。

● 提诉求

我有时会在讲座结束前说："今天我的讲座你听了多少不重要，听懂了多少不重要，做了多少才重要。卢老师已经教给你了……诸多方法，如果你坚持去训练，当你通过……方式练到……次的时候，我相信你一定可以在这方面达到娴熟运用的地步。祝愿大家在这方面有明显的提高。"你把自己量化的诉求告诉大家，让大家知道只要坚持做到什么就会怎样，这样大家会因为目标很明确而感激你。

虽因篇幅所限，未能把所有方法细节给大家一一展开，但创作一篇演讲稿的大框架思路基本都介绍给大家了。开场、中间、结尾大约在什么分配比例下，才比较容易给人一种完整协调的感觉呢？经过对大量优质讲稿的考证，建议前中后最佳分配比例是1∶4∶1，相信你按这种比例去布局，再结合上述的方法建议，一定能轻松创作属于自己的经典演讲稿！

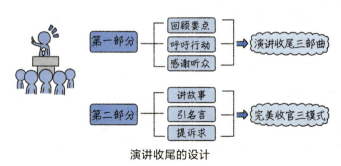

演讲收尾的设计

19 | 开功：开场白的功夫

万事开头难，尤其是演讲。好的开场白，或能一上来就抓住人心，让人想听；或能一上来就创建好感，让人爱听。就像再美味的佳肴也要有好的卖相，否则激不起食欲，连让人多看两眼都难，更不要说吃了。演讲往往就是如此，开场白讲不好就等于白开场。

那我们如何一上场就能 Hold 住全场呢？这当然离不开我们开场白的功夫，我把它称为开功。之前的"创功"里，我们讲过了演讲开场白的 5 个忌讳和 3 个方式，在这一节里，我补充讲一下开场白的具体技巧。

接下来给大家分享 4 大类开场白思路，12 种经典开场白技巧。

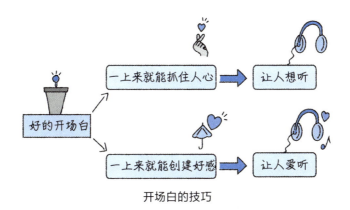

开场白的技巧

经典开场白的 12 种技巧

第一类："拉"的思维：拉近感情，培养好感

● 巧妙赞美

巧妙赞美就是结合当时当地的情景，要想办法迎合大家的心情，让

大家一见到你就有好感，一听你说话就很开心，以拉近距离。迎合心情不是拍马屁，迎合和谄媚是两个概念，不能留下油嘴滑舌不真诚的印象，要用心地结合现场特点巧妙赞美。比如，你发现现场人数爆满，你可以套用这样的赞美："大家好！在此之前，我在不同地方也做过同样的演讲，但是从来没有一个地方像今天这样热情，我相信有大家热情的鼓励，今天的讲座一定会取得圆满的成功。所以，首先我们应该把最热烈的掌声送给最有热情的自己。"采取这样一种方法，我们可以很好地拉近与听众的感情。

你还可以找到很多的角度，用不同的方法去赞美。前几年，有一次在北大光华管理学院做演讲的时候，我刚开场就说："昨天晚上，在我跟一位企业界的前辈聊天的过程中，他得知我今天要来北大光华做演讲，他特别嘱咐我'北大光华管理学院吸引的都是全中国最一流的大学生，所以你一定要认真准备，因为他们的才华，有可能不在你之下。'所以我认真准备后才到这里。希望我的分享能对你有帮助，也感谢各位精英伙伴，能给我这个分享的机会。"还未说完，我就看到有些同学脸上洋溢出骄傲自豪的表情，仿佛还在点头暗示着："嗯，不错，不错！"正是这种感觉，让我和他们拉近了心理距离。对方的心门打开了，你所说的观点对方就更容易接受了。

● **塑造价值**

塑造对方的身份价值或事迹、能力等方面的价值。记得有一次去中国人民公安大学做演讲时，现场有两百多人，人人都穿着警服。我站在台上演讲有一种被审判的感觉，当然我上台之后先给他们鞠了一躬，然后说："各位未来的人民警官，大家晚上好！""未来的人民警官"是对他们未来身份价值的塑造，这让听众觉得很受尊重。我给医学生做演讲的时候，我就说："未来的白衣天使们，大家晚上好！"他们同样会觉得我是非常尊重他们的。挖掘对方的价值，讲对方喜欢听的，对方开心了，大家之间的交流会更加顺利。

● 描绘好处

演讲要以对方为中心，不要以自己为中心。上来先和大家说今天这场演讲，能为大家带来些什么好处，大家就知道今天来对了。这是对方会坚持听到最后的原因。比如要面对大学生做一场演讲培训，我上场就会告诉大家："这场演讲是精心为大家准备的，因为这场演讲所教的方法，不仅能帮助你更好地应对学校的赛事，比如说演讲比赛、职业挑战规划赛等，甚至会对你未来求职应聘、客户谈判都有很大帮助。"当指出对方能够从你的演讲中学到什么，对方才有耐心听下去。

第二类："疑"的思维：激发好奇心，抓住注意力

● 提问吸引

一上来就与听众互动，会让大家立刻集中注意力。开场的时候可以提问一些相对比较简单的问题，比如在高校演讲一开始可以说："各位同学，做个调研，有没有大一的同学？请举手示意一下……大二的同学请举手示意一下……"提问不仅是一种很好的引起大家注意力的方法，也可以让你更了解观众构成，以利于自己有所侧重地发挥。

● 刺激谐语

通过刺激或诙谐的方法开场，也是一个非常棒的开场方法。曾经有一个交通安全知识讲座，当时主讲人在前边，一上台就故作严肃地给大家报告一个事实："今天，我们现场至少要有一个人不能安全回家了。"当他说完这句话后，大家的情绪一下子就被主讲人抓住了，大家立刻就安静了，因为不知道怎么回事。然后主讲人就开始解释："因为通过我们调研，咱们这座城市每天发生交通事故的概率大概在五百分之一，我们现场大概有五百人，所以，我们当中有一个人可能不能安全

回家。"说完之后大家认识到还真是这么回事，但胃口也被吊起来了，因为数据调研的事故概率为五百分之一，那今天会是谁呢？在大家还处在这样一种情绪下，主讲人开始了他的进一步解释："不过我要认真提醒大家，只要你今天认真听完了这场讲座，你就可以安全回家了，因为我们今天讲座的主题是交通安全知识。"主讲人通过一次次的刺激，吸引观众集中注意力，最后以诙谐的方式结束，立刻拉近了与观众的心理距离。

● 旧事新解

旧事新解是通过新的讲法、新的悬念引出众所周知的主题。我们从小都知道一加一等于二，但是可以有很多种解法，使之可以等于三，可以等于零，可以等于一。关键在于你怎么样去解释和看待？比如我们假如要做一个团队配合方面的话题分享，你就可以这样开场："今天我要先请教大家一个非常复杂的数学问题（停顿一下），一加一到底等于几？"听完大家的回答后，就可以做你的陈述总结："团队会配合时，往往能发现一加一大于二的效果；团队配合不力，往往是一加一小于二的结果。那么今天我们针对团队配合的讲座，就要教大家如何才能做到一加一大于二。"

第三类："引"的思维：通过引述的方式提升观众注意力

● 开头回顾

开场时，通过引述之前嘉宾的话或所谈之事的原委等方式，让观众瞬间进入你引述的情景之中，这就叫开头回顾。不管你是被要求即兴演讲，还是正式场合的演讲，为了平稳过渡，抓住大家注意力，可以在上场时说："刚才主持人或某位嘉宾说过……我在这方面有一些不同的见解。"当然，你也可以在开头回顾这段时间大家最关注的某项重要的事情，再通过这件事情引导到你的演讲上。

● **故事名言**

可以在演讲开始时引入一个大家感兴趣的故事，不要太长，3分钟之内结束最好。就像很多学生向我学习的时候，可能会受到周围的阻拦，我们主持人就会以一个故事开头："同学们，曾经有5个运动员攀登阿尔卑斯山，当他们终于爬到海拔5000米的时候，遇到了一个高山族部落。这个高山族部落因为长期居住在这样一个高海拔的地方，人们严重缺碘，所以每个人都得了大脖子病，而他们第一次发现5个细脖子的人，仿佛发现了外星人一样，小孩儿们嘲笑这几个运动员是外星人，而在这个时候呢，这个部落最有智慧的老人来到了现场，告诉孩子们：'孩子们，千万不要嘲笑他们，他们不是外星人，他们其实是残疾人。'之后就赶紧把他们送到当地最好的医院找到当地最好的医生，医生一诊断：'大事不好，居然是碘中毒！'随后开始给他们进行低碘治疗，最后终于治成大脖子病。通过这个故事，我们认识到，在现实生活中，很多人会把我们的积极理解为不正常。其实反观他们的生活，发现他们每天只会按部就班地过着毫无挑战的生活，我们又觉得他们很不正常。所以，正常与不正常就是相对而言的。只要你愿意站在未来的角度审视现在的自己，认为今天的行动是有意义的，那就应该为我们的'勇敢做自己'鼓掌！"这是故事引述的方法。当然，我们若想在开始抓住大家的注意力，也可以引用名人名言、名篇典故、网络流行语等，可说"马云曾经说过……""心理学家强调……""《大学》中曾提到……"这样一下子就让大家的注意力转移到你的身上。

● **道具引述**

开场时使用精心设计的道具，是特别容易抓住观众注意力的。就像与人沟通时，当你随便拿起一样道具的时候，都会让别人的视线跟着转移。当你善于用道具来牵引别人注意力时，哪怕随便一支笔都可以成为你的有效道具。中北大学曾邀请我给学生做一个关于职业规划的讲座，上场时我发现有一支笔掉在地上，我直接捡起来，举到空中，提问道："我想问大家这是什么？"大家回应："笔！"我接着问："它除了能写字，还有其他什么功能吗？"接下来，大家的关注度和参与性明显提高了，回答也非常积极，有人说可以用来转笔玩，有人说可以用来防身，有人说可以用来搅拌，有人说可以用来量尺寸，也有人说可以用来当发簪等。后来，我就即时地给大家总结引述："一支笔，只要你为它规划，都能有如此多的功能，更何况我们人呢？尤其作为年轻人，我们的未来都不只有一条路，关键在你怎么给自己规划。那接下来就是咱们的职业规划讲座《遇见更好的自己》，先行谢过大家的配合。"说完，掌声瞬间就响起来了。其实可做道具的东西太多了，也许是个硬币，也许是个手机，也许就是一张纸，生活中很多非常普通的东西，只要你能将其和主题联系起来，你就可以放手来用，它会帮你一下子就抓住大家的注意力。

第四类："铺"的思维：铺垫、造势，以牵引注意力

● 反面铺垫

就是逆着观众原本以为对的，反其道而行之，先来一段不至于反感但足以让人觉得意外的铺垫。就像我经常被邀请做大学生创业讲座，很多听众都是对创业感兴趣的，想过来增加一些对创业的了解，而我上来的开场却是这样的："大家这么积极来听这场讲座，本身就是个错误。"听到这里，大家一下子就蒙了。我接着说："因为创业九死一生，连续多年居高不下的大学生创业失败率在告诉我们，99%的大学生根本不适合创业。"大家更是无法反驳。而在接下来，就让所有的同学投入进来了："而我想告诉大家的是，正是因为这样，你又恰恰应该来听这场讲座，即使这本身是个错误，但创业本就是逆风而上的行为，就是不断试错、

冒险、与错误和失败打交道的过程。如果你真心想创业，请用你敢于试错的掌声开启今天的讲座。"这一刻，掌声雷动。

● **数字细节**

这是一个迷恋数字的时代，人对感兴趣的数字和细节有天生的敏感性。就像我讲到大学生就业现状的时候，统计数据就会让大家一下子认识到就业的严峻形势。"2013 年，中国有 699 万大学生加入就业大军，被称为'史上最难就业年'。2014 年，毕业了 727 万人，加上往届还未消化的 300 万大学生就业人口，共 1000 多万，被称为'史上更难就业年'。2015 年呢？又增加了，毕业了 749 万人。2016 年，继续增加，毕业了 765 万人。2017 年，毕业了 795 万人。所以大学生就业没有最难，只有更难！"这些数据使得大家的危机意识立刻加强，后面的内容也都更想听了。

● **制造悬念**

每个人都有好奇心，由普通现象过渡到特殊结果，往往能激发人的猎奇欲望，最后再揭出谜底以取得共鸣，是一个非常不错的抓人注意力的方式。就像我在学校讲到"在校生积累工作经验的可行性"话题时，会讲个现象："现在很多的招聘单位招聘员工都是有工作经验者优先。很多大学生认为工作经验只能毕业以后再去积累，所以坐以待毙，其实在毕业之前我们完全可以拥有工作经验。《非你莫属》中有很多这样的例子，有一个女孩来自牡丹江师范学院，一个非名牌的学校，不知名的专业，学习成绩很普通，有没有社团职务不知道，四六级有没有过等方面统统不知道，很多信息都不知道的情况下，这个小女孩上到舞台上进行完自我介绍之后，几乎所有企业家都争着抢着要她，很多企业家为了能让这个女孩来自己的公司工作都吵起来了，咖啡之翼的尹峰要给她店长之位，SOHO 中国潘石屹要给她销售经理职位，搜狗要给她 10 万年薪，优胜教育的董事长更是说：'不管别的企业开多少待遇，我至少高出最高的20%，不管别的企业给她什么职位，只要她愿意来我这儿，我和总裁亲自带她。'一个如此普通的小女孩儿，能够获得如此高的赏识和待遇，想知道她在舞台上的自我介绍是怎么说的吗？"是不是很想知道她到底怎么说的？这就是制造悬念。试想，如果我只会平铺直叙地讲她的前前后后，观众的注意力就不会被吸引，而我通过省去一部分关键的内容，就会让观众更想知道，并且在我揭晓时，大家的共鸣感会更强。在这里，我只是给大家举例，如果能够来到我的讲座现场，相信你听起来就更有代入感。

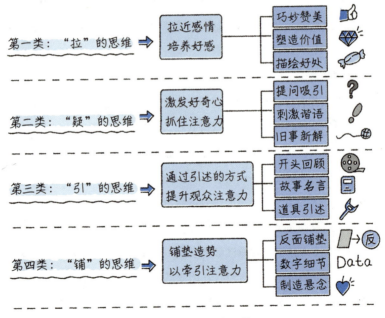

经典开场白的 4 类思维

　　以上就是 12 种易学易用的开场白技巧，其实开场白的方式远不止如此，比如：自问自答式、夸张演绎式、开门见山式、一语惊人式、自嘲玩笑式等，后期有机会可以在我的公众号"卢战卡"或头条"跟卢战卡学社交口才"上，给大家展开讲解更多的开场白模式和应用案例。

开场白是快速与观众沟通情感的方式，一段好的开场白，往往可以营造出好的情绪和气氛，也决定了整场演讲的成功与否。会开场的人，往往是一开口，他就赢了。就像胡适在一次演讲时的开头："我今天不是来向诸君作报告的，我是来'胡说'的，因为我姓胡。"话音刚落，听众大笑。这样的开场白怎能不让人拍手称快？言语间的谦虚、从容和幽默，不失大气，不落亲和，也巧妙地介绍了自己。真的是一石多鸟，堪称一绝。胡适先生若在当世，相信他若创办一"胡说"的论坛或栏目，大概也会很受欢迎吧。

20 | 跃功：互动活跃技巧

一场干巴巴的演讲，若缺乏互动，干货再多，也很难让人听下去。这是一个注意力难以聚焦的时代，尤其是对演讲台下的听众而言，如果你不能通过有效的互动带动他，他的注意力就会被手机上更有意思的内容抓走。

演讲不是为了让自己自在，而是要让听众舒服，想让听众有最好的体验，你就要通过良好的互动活跃技巧让对方参与进来。你能把演讲氛围搞得怎么样，决定了你的听众感受怎么样。人都是环境的产物，人群中的情绪感染又是最快的，人也都是感性动物，有效的互动能增进人们的情感交流和相互影响，从而引起更多人的共鸣。

在生活中的很多场合，我们都需要活跃氛围的能力和巧妙互动的技巧，尤其是需要暖场或破冰的时候，作为活动的主角或演讲的主讲人，都离不开一定的活跃互动的能力，否则整场演讲就会显得很枯燥，内容好也会很吃亏。那如何去提高互动活跃的能力呢？

本章通过 7 个方面来给大家提供一些建议。

第一方面：演讲互动的注意事项

在演讲的过程中，我们的互动要注意些什么呢？根据我多年演讲经验以及我对其他人演讲的观察，我给大家提 5 点相关的注意事项。

1. 不生硬

互动是为了让人更好受，而不是更难受。而有些互动，总显得很突兀，就像我在听一些人进行演讲的时候为了要氛围而刻意互动，显得太生硬，过渡太快，这种缺乏铺垫的互动，对于听众而言并不舒服。

2. 别勉强

别勉强也是一样，不要强人所难。我们不能在人们情绪未到位时就硬互动，比如说有些主持人在介绍嘉宾时，要求大家"全体起立"，大家还摸不着头脑呢，你就要全体起立，然后还说："来，大家跟我配合做一下动作，跟我一起喊……"其实这是很勉强人的一件事，情绪不到位，会增加听众对后面内容的抗拒。

3. 别拖沓

有些时候互动只是一个插曲，它不是你整个演讲的主流，不应该占据太多的时间，可是有些人一互动，本身三五分钟该完成的事情，一下子拖了十几二十分钟，这样就喧宾夺主了。

4. 配音乐

跟对方互动，有些时候需要适当地配些音乐，比如说中间休息时安排一个按摩操的互动，总共需要 5 分钟的时间，如果你只用语言互动会很生硬："我们全体向右转，把手搭在前边同学肩膀上。"这时最好能够配上一些比较动感有节奏甚至搞怪的音乐，再加上你的语言，那样效果就妙不可言了。

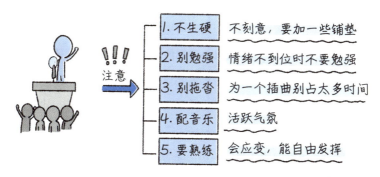

演讲互动的 5 个注意事项

5. 要熟练

如果你对互动程序不熟练，还不如不做，为什么？因为这是一个应变式技巧，你熟练了才能够全身放松，自由发挥，也才能带动那种活跃气氛的效果，所以要练熟了再用。

第二方面：肯定或否定型互动技巧

在很多的职业培训师讲课过程中，你会发现他们经常会有这样的互动，比如"是还是不是""要还是不要""对不对""好不好""可不可以""理不理解""同不同意"等，这些确认型互动甚至都已经成为部分培训师的口头禅了，因为通过引导肯定的封闭式提问，会让听众通过每一次确认，提升注意力并加强认知。

不要轻视这种确认型互动的价值，尤其是长时间上课的场合，需要经常使用，以缓解听众疲劳。其实你平常也可以经常性地进行这方面的确认练习，也可以多学习一些封闭式提问技巧，这可以让你通过提问式互动，更好地引导对方，并持续抓住对方注意力。使用方法就是铺垫一个简单的事实或理念，再跟大家确认。比如："天才等于熟练工，为了学以致用，我们是不是应该好好练习？"回答自然是"是"，紧接着可以再提出追问。

另外，还可以通过连续否定以持续抓住对方注意力，比如你根据一情境提出一个问题，故意往大家会误解的方向铺垫，让大家猜答案，回答肯定都是错的，当你不断地否定大家答案的时候，大家就更想让你揭晓真实的答案。这就像脑筋急转弯或一些猜谜语的互动一样，让人猜却总是猜不对，才会觉得有意思。

当然，不管是封闭式提问，还是连续否定，都要适可而止，不能过度应用。

第三方面：选择性回答的互动技巧

如果你想让大家能够快速反应跟你进行一种认同配合，那么你就要提前铺垫好你的问题的答案，比如讲完问题后，可以这样说："A 是什么、B 是什么，您希望哪一种／想要哪一个是正确的？"当然，也可以提前摆出三种选择，只是你想让大家说出的那项选择能强调清楚，只要有利于大家回答时都是一致的答案，能减少大家的分析判断时间，就算实现了互动目的。

很多时候，互动的方式可以把原本要讲的知识点进行加强，同时还起到了活跃气氛的作用。这也是大家在参与度上的一个共振。

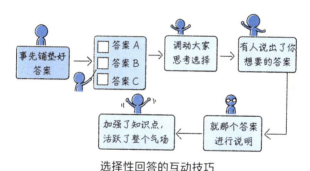

选择性回答的互动技巧

第四方面：请听众举手的互动技巧

请听众举手，有 4 个常见的方法，第 1 个是调查型举手，第 2 个是认可型举手，第 3 个是意愿型举手，第 4 个是理解型举手。我现在把这4 种方法放在一个情境中理解。

（1）**调查型举手**：比如你现在来到高校做演讲，为了迅速集中大家注意力，可以一上来就采访一下大家："未来打算创业的朋友举手示意一下，打算就业的举手示意一下。"每次为带动大家举手，在让大家举手时，你的手要坚定有力地举在空中。

（2）**认可型举手：**接下来，你可以在提出了一个大家都认同的观点后，跟大家确认一下："认可的同学，请举手示意一下。"这样不仅会更引起关注，同时也增加了大家的参与度和对你的认同感，比你自己在那自说自话强多了。

（3）**意愿型举手：**比如你在提出一个计划后，感觉大家有比较赞同或向往的，你就可以说："有这方面想法或意愿的朋友请举手。"借此把大家拉到一个立场或阵营里。

（4）**理解型举手：**为了确认大家是否听懂了你的意思，你可以说"理解的举手""听懂的伙伴请举手示意一下"等。

让大家举手，不仅让演讲者实现了确认，同时也增强了大家的认同感，并且每次互动还能让大家情绪再活跃一下。我们给人演讲的过程中，如果时间比较长，比如你的演讲是整天的，一般情况下，每 5 分钟都要有一两次这样的小互动，你需要让大家一直保持比较积极的状态，这也是讲师的基本功。

第五方面：重复要点式互动技巧

我们讲过一个段落之后，可以跟大家一起回顾一下要点。这里一共有 3 个互动技巧。

（1）带听众回忆一下要点。

（2）带听众确认一遍要点。

（3）引导听众回答下半部分问题。

我们讲过一个段落之后，为了使听众加深印象，可以一起回顾刚才的一些要点，有时你只需要伸手表示"一二三"，让大家逐一说内容就好。比如向大家确认："我来确认一下，刚才我们说的这方面，说的是

A 还是 B 呢？"或者说"让我们一起回顾一下刚才的知识点，关于……，我们第一步要……第二步要……"你说前半部分，通过拖长声音让大家回答后半部分，这是让大家跟你配合越来越默契的一种技巧。你让大家跟你互动起来并参与进来，这样可以调整一下大家的听讲状态，从而在接下来更容易保持情绪饱满的状态。

第六方面：引导提问式互动技巧

这里共有 3 个引导提问的方法。

1. 简单问题确认法

就像咱们前面所说的例子，问大家"是还是不是""认不认同"等简单问题或常识上比较好回答的问题进行确认，这属于一种小互动。

2. 复杂问题分析法

带大家一起进入情境，做推理表达。比如电影中经常看到的警察或律师逻辑缜密地分析案情，结合场景去审讯犯人等，演讲时我们也可以结合场景让听众不断地配合。推荐大家看一部叫《全民目击》的电影，领略一下里面律师的复杂场景推理。

3. 通俗问题奇答法

通俗的事情从奇特的角度讲出。比如你演讲时给大家出题："1 加 1 等于几？"这是一个通俗问题，大家虽然习惯地认为结果是 2，但一定期待着你与众不同的解释。你可能就想以此切入团队管理的话题，你就可以说："在团队管理中很多时候 1+1 并不等于 2，有些时候小于 2，有些时候大于 2，团队的协作配合往往决定了最终的结果，那接下来我跟大家聊聊在团队中我们如何合作才能够起到 1+1 大于 2 的效果。"

以上就是通过引导式提问，抓取大家注意力，并把话题引到你要讲的主题方向上的技巧。

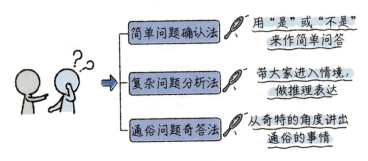

引导提问的 3 个方法

那么，带动听众的提问技巧有什么呢？我在这里也给大家提 4 点建议。

技巧 1：自己要先举手，并且是要坚定不移地高举手臂，不能举半臂。

比如你想让大家举手，你会说："认同的同学举手示意一下！"在你说"举手示意一下"的时候，自己的手已经伸到空中，并且非常坚定地掌心朝前，把整个手臂都举起来，这样的话，你才会有更好的带动效果。在之前的"体功"我们提到过，文字的影响力比不过声音的影响力，声音的影响力比不过肢体的影响力，如果我们有语言有声调同时又有肢体，这样的话影响就是最高的。所以，如果我们想让对方举手，首先自己要先去举手并且坚定地举高。

技巧 2：问谁愿意第一个提问题。

你问这样的话其实就是激发那些勇于表现的同学，让他们能够快速地站起来提问题。

技巧 3：把手举起不放下，增加听众的信心。

在最后，为了让大家提问帮大家答疑，你可以将手多举一会，因为有些时候听众不是没有问题，而是内心在挣扎。想提问的人也在试探，如果你举起手没有放下，其实也在给他的提问增加信心。

技巧 4：主动回顾以前被问的问题。

提问互动有时是即兴的，观众也不一定反应得那么快。实在没人提问题的话，你可以主动地回顾问题，比如你可以说："在某次同样的场合里，曾经有人跟我提过这样一个问题，我相信今天在场的听众也一定有此类问题，在此我给大家解释一下……"这就是主动回顾以前被问的问题，通过自问自答的方式答疑解惑。

除了以上6点，我们在最后提一下第7个方面，就是游戏体验式互动技巧。因为无法现场展示，在这里只能给大家概括地提6个应用。

第七方面：游戏体验式互动技巧

应用1：有针对性的拓展体验。拓展游戏有些适合室内，有些适合室外，很多拓展游戏可以实现快速破冰的作用，所以你可以多搜集或者参加一些拓展式训练，以方便在人群中带动气氛。

应用2：左右互动式游戏。就是两两一组或左右相连之类的游戏，比如"抓手指游戏"，就是让大家围成一圈，每个人都是左手握拳大拇指朝上，右手展开掌心朝下，将右手放在右边伙伴的左手拇指上面。然后主持人可以制定抓的规则，看喊出"抓"的指令后，谁能左手跑得快，右手抓得牢。这种抓手游戏，特别能活跃氛围，若主持人故意误导机会，往往瞬间就可以增进左右之间的熟悉感。通过更多的肢体接触，才会让他们之间打开自己的心门，所以左右互动式游戏要多掌握一些。

应用3：上台互动式游戏。就是引导大家上台展示或挑战。要知道如果整个气氛比较沉闷，有些人比较困顿的话，最简单的一个方法就是挑人上台。一旦挑人上台，立刻所有人注意力就集中在台上了。为什么？因为人们都有猎奇心理，看到这种情况的时候可能就会想"这小子该出洋相了，看老师怎么逗他"。所以你要做一些上台互动游戏的准备。

应用 4：个人放松类游戏。比如头部按摩类游戏或是手指操等放松脑力的游戏。

应用 5：小组竞技类游戏。就是分小组听课，适时进行一些小组对抗类的竞技游戏。

应用 6：集体活跃气氛的游戏。音乐一响起，大家一起跳拍拍舞，或者击掌练习等，在动感的节拍之下，哪怕是群魔乱舞，也会让大家很爽。

总之，不管什么样的活跃氛围的游戏，你掌握得越多，未来的演讲就越自如，未来的互动就越能起到调动氛围的作用。

良好的氛围不仅仅是演讲者的需要，每一个听众也需要良好的氛围去认真思考，认真聆听，跟上演讲者的节奏。一个善于在演讲中活跃氛围的人，在工作和生活中，也能调动更多人的积极性，让所接触之人都有更好的体验。就像在饭局或聚会中，如何通过捧人于无形，让大家都能爽歪歪；如何拉一派打一派，做一个善于制造矛盾冲突的闹剧高手；如何像戏精一样潇洒展现自己，哪怕自己毫无所长……这些都是我们离不开的活跃氛围的技巧，之前我在我千聊直播间的《饭局社交：三步帮你告别尬聊，玩转中国式饭局或聚会》专门讲了一堂饭局上活跃气氛的功夫，希望能够帮到你。

21 | 持功：主持活动技巧

现实生活中，很多人对主持工作有一些片面的理解，认为主持是专业人士干的活，其实除了你看到的活动或节目的专业主持人之外，生活中很多场合我们都离不开主持的工作，我们每个人也都有可能在不同的场合被安排成主持。比如开会的时候需要主持，聚餐的时候需要主持，访谈座谈的时候需要主持，团队激励的时候也需要主持，连娱乐活动要想搞得有效果都离不开主持。所以，我们人人都需要具备主持的能力，以备无患。

一个好的主持可以瞬间带动气氛，就像我们公司里一个高个子男孩，因为会主持，经常在各种活动中露脸，每次主持后都会有不少女孩子加他微信，由此可见，主持不仅在正式场合，在非正式的交际场合中也是非常重要的。

为了让大家练就一定的主持功底，以备不时之需，我从 7 个方面向大家介绍一些方法和建议。

第一方面：主持人的 5 种类型

分别是：会议型、互动型、座谈型、娱乐型、播报型。

1. 会议型

召开会议是职场中的常见现象，也是高效解决公司问题的手段，而不一样的主持人，往往决定了不一样的会议质量和效率。从个人职业生涯发展角度，一个人在集体之中统筹异议、解决问题的能力，往往是一个人管理才能的体现。晋升越快，越需要这种集中解决问题的能力。

另外，有些公司在开会时，经常是轮流主持，如果轮到你呢？如果你主持不利就会给领导留下一个非常不好的印象，未来晋升也会受挫。因为领导也往往会通过一个人在会议主持上的表现，判断这个人处理复杂事务的能力。会议型主持往往需要一定的控场统筹能力。

2. 互动型

在课程间歇或者一些活动现场，需要活跃一下气氛，这时就需要互动型主持。他一上来，就意味着活跃期或者放松期到了，通过带大家做游戏、鼓掌、跳舞等互动起到活跃氛围的作用。互动型主持，往往需要有一些自嗨特质。

3. 座谈型

一些论坛的圆桌会谈、人物访谈或者茶话会、座谈会、沙龙活动等，都需要有一个人能够控场，并且能够跟不同的参与嘉宾进行相关的链接对话，让不同的人都能够参与。座谈型主持，往往需要有一定的提问、倾听和综合能力。

4. 娱乐型

像我们经常看的一些综艺性节目或娱乐活动的主持人便是娱乐型主持人。娱乐型主持，对其表演力和随机应变能力的要求会高一些。

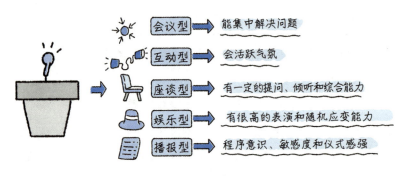

主持人的 5 种类型

5. 播报型

正式节目的主播或做汇报工作的大会主持便是播报型主持人，其程序意识、敏感度和仪式感比较强。场合偏严肃和正式的，更需要主持人把控好语气语速，在介绍领导的时候要庄重，语速不能太快。

第二方面：主持人的 4 种作用

一般情况下，在很多场合，主持人要起到 4 种作用，第一是热场，第二是串场，第三是控场，第四是衬场。

1. 热场

热场有时也叫暖场，正式节目开始之前，得先把氛围搞起来。所以，在大人物出场或节目要正式亮相之前，主持人要进行足够的铺垫。严肃的场合可以提前铺垫好会议背景，喜庆或活泼的场合可以跟大家做一些破冰或其他互动游戏等。有时在活动开始之前，还需要通过音乐、视频甚至表演等，让大家提前进入所需要的情绪氛围里，不要绷得太紧。

2. 串场

串场就是把整个活动从前到后以及台前台后给衔接起来，这是非常关键的，主持人是整个活动的灵魂和枢纽，他虽然不是主角，但少了他，整个活动就缺乏连贯性和整体感。主持人经常要在一个嘉宾演讲或表演完了之后，或者节目告一段落之后承上启下，要根据情况灵活地发挥总结和引导的能力。

3. 控场

有时在活动进行中会出现一些特殊情况，比如沉闷、跑题、玩笑、尴尬等突发情况，这就需要主持人具备控场的能力了。

4. 衬场

主持人和活动主角的关系，就是绿叶配鲜花的关系，绿叶之美，就在于你有没有把鲜花给衬托好。你并不是整个舞台要捧的偶像，你能把舞台人物或节目的效果给捧出来，才算真正的成功。所以作为主持人，尤其是访谈类主持人要学会挖掘访谈嘉宾的一些特色亮点，突出现场效果，做好衬场才是有价值的。

第三方面：主持的 5 大忌讳

做主持，一般有以下 5 大忌讳。

忌讳 1：喧宾夺主

在我的演讲活动里，就见过这样的主持人。尤其在演讲结束后，主持人只需要画龙点睛地进行感谢和总结就可以了，毕竟听众听了那么长时间的演讲了，应该快速做一个收尾以让大家带着好情绪离开。但有些主持人接上话筒后仿佛要证明一下存在感，长篇累牍地又讲很长时间，这样很容易让主讲人创造的高潮气氛降下来，并且极度影响观众体验。这就是喧宾夺主。

忌讳 2：不够入戏

有些主持人缺乏情感，一上去就死气沉沉的，你自己都这样，能让下面有好的氛围吗？我经常跟学生强调，主持人必须要自带兴奋感。只有你先表现出来很兴奋、很期待的样子，大家才会对你说的有所期待，大家才会很兴奋很活跃，所以对一个主持人而言，情绪代入感很重要，有机会可以复习一下前面讲的情功。

忌讳 3：自作聪明

有些主持人自作聪明地提前把活动的悬念给揭开了，有些悬念本身就是演讲嘉宾上场时要抖的包袱，提前被主持人抖了出来，这往往会造成演讲嘉宾上场后的尴尬，这就是自作聪明的表现。

忌讳 4：不注重细节

有些主持人在外在着装、仪容仪表上不够注重，比如非常隆重的场合穿得却比较随意，这些都会让别人通过主持人的形象判断整个活动水平。曾在一次活动现场，有个学生做主持，拿着踩躏得不成样子的手稿上场了，别人一看到手稿都已经捧腹大笑了，他自己却不知道观众为什么大笑，这就是不注重细节的后果，会很容易收到差评。

忌讳 5：客套死板

客套死板，就是指有些主持人太过于严肃、客套，这样会让大家觉得这场活动好像跟自己无关，好像是程序化活动一样，就等同于走走流程，没人会多么专注地听。

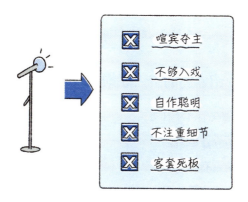

主持的 5 大忌讳

第四方面：主持会议的常见模式

现实生活中，也会有一些人被临时安排到主持人的角色上。其实把握住以下常用主持模式，就不会出大问题。

（1）开场白。开场白一般情况下是问好、感谢、介绍自己就可以了。

（2）开始主持会议，宣布会议开始。

（3）宣布会议纪律，提醒注意事项。

（4）介绍会议背景，为嘉宾的出场做好铺垫。

（5）简单活跃气氛，通过互动回应或鼓掌等方式活跃气氛。

（6）介绍嘉宾背景并请出嘉宾，请出时一定要隆重，有仪式感。

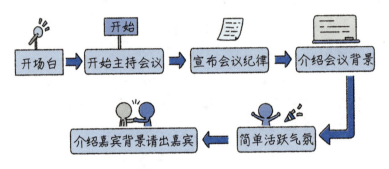

主持会议的常见模式

第五方面：介绍嘉宾的三三原则

介绍嘉宾时，首先有 3 个任务。

任务 1：抓住听众注意力。

任务 2：提醒听众有收获。

任务 3：让主讲嘉宾受欢迎。

下面针对这 3 点我们举例说明，在抓住大家注意力方面你可以说："相信每个同学走到会场，都是带着这样那样的问题而来，有些人比较关心……，而有些人更想了解……，但不管你关心什么问题，相信我们今天的主讲嘉宾一定可以让你们满载而归，不虚此行……"这就是抓住大家的注意力，大家关心的问题就是会集中注意力的地方。

除了概括性地提到有收获，还要拿出嘉宾背景来让人相信有收获。你可以去这样介绍："我们主讲嘉宾已经走过全国多少个地方，做过多少次演讲，并且帮助过多少人实现了什么样的改变，相信他今天一定也可以帮助到你……"这就是提醒听众有收获。

为了让主讲嘉宾更受欢迎，就要针对主讲嘉宾的成就及背景进行一番介绍，然后再请出主讲嘉宾，这样不仅让主讲嘉宾一上来就更有话语权和影响力，也充分满足了听众的好奇心和期待感。而介绍的重点，要放在主讲嘉宾的业内成就、资质荣誉、代表作品、影响力等数据上。

介绍嘉宾时，除了 3 大任务之外，还有 3 个原则。

这 3 个原则分别是：稳重、分明、活力。

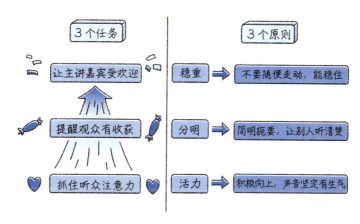

介绍嘉宾的 3 个任务和 3 个原则

原则 1：稳重。 首先做一个主持人要能稳住，不要随便乱动，尤其是正式场合的主持人，不能随便走来走去，因为你不是娱乐场合的主持人，你也不是长时间演讲的主讲人。因此在你开始那几分钟主持时间里，最好给人底盘够稳的感觉。

原则 2：分明。 分明就是要简明扼要地把话说清楚，介绍任何嘉宾或者流程时，都至少让别人听清楚。

原则 3：活力。 声音要坚定、嘹亮、有生气，给大家一种积极向上的感觉。有一次，我在一所学校做演讲，上场前，主持人少气无力地把我的介绍词读成了追悼词的感觉，像回忆生平一样读给大家听，让观众们一头雾水，我上场时也差点崩溃，因为大家本以为这人已经不在了，听完主持词就感觉要看这人的生前视频一般，怎么又突然蹦出个大活人来！

由此可见，主持一定要把握好介绍嘉宾的 3 原则。

第六方面：主持会议的 TIS 法则

在主持会议方面，我们要了解卡耐基的 TIS 法则。

TIS 三个字母代表三个单词 topic，importance，speaker。

topic 代表题目，importance 代表重要性，speaker 代表主讲人，意指主持人要懂得概括会议主题，要强调会议的重要性，还有就是介绍在这次会议上，重点邀请谁给大家做相关的分享。

除了 TIS 公式之外，我们在讲"会功"的时候，也提到了会议最忌讳三点：会而不议，议而不决，决而不行。所以会议主持人一定要记住，我们至少要做到的就是阶段性、书面化的总结确认。正所谓"好记性不如烂笔头"，主持人就是要贯穿始终地根据大家不同的发言要点，进行及时归纳。

第七方面：主持活动的 5 个建议

这里有一些需要注意的，在此给大家提 5 个建议。

建议 1： 设计一段精彩的开场白。这需要根据活动性质以及具体情况进行设计。

建议 2： 根据节目流程设计好串场过渡的手卡。把节目与节目之间的过渡词提前设计好，分好手卡，谁出场谁说，做好分工。如果节目临时有调整，备案是什么，都要准备好。

建议 3：设计一段令人印象深刻的结尾。和精彩的开场白一样，提前设计好即可。

建议 4：做好台上台下配合，做到人盯人。关键人物基本上都分处在台上台下不同的关键点上，所以你要台上台下、台前台后都有相关的人配合，大家像流水线作业，灯光、音效、嘉宾引导等，谁负责哪些人哪些事都提前分好工。并且一定要提前演练，甚至不止一遍，做到人盯人，定好活动区域和配合规则，关键岗位最好要有副手，以备不时之需。

建议 5：有备案思维方可临危不乱。计划赶不上变化，活动进行中，若发现节目太多或太少了，都要有备案，根据时间要求做好调配，并提前给大家打好招呼，要有弹性机制，这样才会临危不乱。

增强主持功力的 7 方面建议我们都聊完了，即使我们不做专业的主持，但了解了主持的类型、作用、忌讳、模式、原则、要求和注意事项等多个方面后，对我们今后的工作还是有参考价值的。

22 | 享功：即兴分享能力

　　随着我们年龄的增长，社交圈子的扩大，社会地位的提高，我们随时随地被叫起来即兴分享的机会将越来越多。比如说亲戚或者朋友的庆典上要你说两句，比赛获奖后让你发表获奖感言，群众活动上需要你做代表性发言或者是表现突出的时候让你分享经验等，都需要我们有即兴分享的能力，所以在这一节，跟大家讲讲即兴分享的功夫，简称享功。

　　即兴分享，往往指的就是在特定情形下，我们自发或者被要求立即进行的当众讲话。这是一种完全脱离文稿来表情达意的口语交际活动，一般都是没有任何准备，需要随想随说有感而发地讲话。

　　有人群的地方，就有可能要当众讲话，所以在现实生活中，我们人人都离不开即兴分享能力。那为了帮助大家练就这方面的能力，我们从两个方面给大家一些建议，方便以后大家在需要即兴演讲的场合套用。

第一方面：即兴分享的 8 大注意事项

1. 紧扣主题

　　任何场合下即兴分享的时间都是有限制的，都比较短暂。想让听众集中注意力并保持关注度，最忌讳的就是谈与主题无关的事情了。本身时间就够短了，你再说那么多没用的，那大家的注意力就更难被你抓住了，所以谈与主题相关的内容才能引起大家的关注。

　　2012 年的诺贝尔奖颁奖晚宴在斯德哥尔摩市政厅举行，在觥筹交错间，莫言正要发表演讲，却发现演讲稿丢在了酒店，也正因如此，莫言发表的即兴分享反而赢得了大家的好评。他坦言："文学和科学相比较的确没有什么用处。但是文学的最大的用处，也许就是它没有用处。"这个即兴分享虽然简短，但紧扣主题，感情真挚，对文学的见解鞭辟入里，展现了大家风范。

2. 融入环境

即兴分享最好结合当时当地的情境，结合应时应景的人和事直接展开话题，这样往往能给人一种现场反应快、灵活应变的感觉，并能起到快速破冰，让自己和大家快速融入的作用。

在一次金马奖颁奖典礼上，郑裕玲和黄渤共同登台颁奖，郑裕玲就拿黄渤的造型开涮，问他："你今天晚上穿的是睡衣吗？"郑裕玲称自己因为5年没来金马奖，所以这次一定要盛装出席，本身是想通过对比刺激一下黄渤。而黄渤的聪明机智立马展现，分享道："你5年没来，但5年了，我一直都在金马奖，所以我已经把金马奖当成了自己的家，你说回到家里穿什么呢！"他这种现场的快速反应赢得了全场的热烈掌声。

而后来蔡康永也在现场去调侃他，蔡康永说了一句："这是我家，不是你家。"说完了之后全场尴尬，郑裕玲在台上也是用笑掩饰尴尬。而当镜头转向观众席的时候，看到刘德华等一些现场观众也失去了笑容，这绝对是对黄渤即兴发挥的一次挑战，而此时的黄渤看起来气定神闲，他结合蔡康永当时走红毯时穿的衣服上镶着马的造型，非常机智地开了把蔡康永的玩笑："其实你不是一个人在战斗，刚才还有一匹马跟你在一起，我只看过人骑马，头一次见到马骑人呢！"黄渤结合现场情境的这种机智发言，得到了全场观众一片爆炸式掌声，还赢得了台下刘德华、张家辉、彭于晏和刘嘉玲等大咖们非常热烈的掌声。这就是即兴分享融入环境的表达。

3. 用数字说话

想说服别人并使其相信，就需要有力的证据，而统计数字是不可多得的有力证据之一。人们对于数字一般都有天生的敏感性，数字一旦出现就会立刻集中注意力。这是一个越来越迷恋数字的时代，只要你能够针对分享主题，拿出一系列有力的数字分析，你就可以立刻抓住别人的注意力，并展示自己的权威性、专业性，最重要的是能让对方听得心服口服。

4. 结合心得

进行分享的时候，很忌讳用说教的方式给大家做枯燥无味的分享，因为你自以为你的分享很专业，可是在台下的某些人眼里这只是小儿科。更何况很多人并不喜欢说教，你既然不是最专业的，就不要好为人师地去说教。但是你可以结合自己的心得体会，谈个人的相关经历，说出个人的感受，这样不仅以示弱的姿态避开了强者的苛责批判，又以内心分享感受的方式得到了众人的关注，因为每个人都喜欢听故事，都对别人的内在世界有一定的猎奇心理。

5. 联系大家

每个人都关心跟自己有关的事情，当你即兴发言时，能把话题跟大家联系起来，就自然容易引起注意，甚至引起轰动。就像在课程现场，有些人跑到舞台上说心得体会，经常有人上来会跟大家互动一下："大家有没有收获？还想不想知道一些跟×××有关的经验？"在 TED 的舞台上，也经常有一些生命科学专家，一开讲就能抓住听众的注意力："为什么每天都有 320 位与你一样的美国人因为自己食用的东西而与世界告别？"你看，这些都是用联系大家的方法，一上来就吸引了大家的注意力。

6. 助益大家

每个人都关心对自己有好处的事，如果你总能利用利益诱惑听众，就像给鱼下鱼饵一样，若能把鱼饵进行包装，提前铺垫吸引听众愿意听下去，你就会给听众创造引人入胜的感觉。

7. 取悦大家

因为即兴分享时间有限，如果我们很难起到教育或者激励的目的，那至少要起到娱乐大家的目的。就像在之前"创功"提到的，演讲一般有3种目的，要么教育让别人有所收获，要么激励让别人有正能量和指引，要么娱乐让对方有好的体验。所以在短时间内不能起到教育和激励目的的话，至少要起到娱乐的目的。只有这样才能让听众留下深刻的印象，所以平常的一些幽默习惯的养成或者是幽默素材的积累就显得非常必要了。

8. 时间控制

即兴分享就怕搞成长篇大论，有些人一讲起来就刹不住车，这是非常不好的习惯。而即兴演说在很多活动中其实是起活跃气氛或者点睛之笔的作用，大家就算对分享者再有耐心，其实那也是有限的，所以千万不要乱分寸，超时的分享往往会引起超限效应。

但是我相信有些朋友依然会有疑问，以上我如果都已经注意了，有没有一些即兴分享的套路让我能在任何场合下都可以临危不乱呢？我如何做才可以迅速地反应，做一个比较不错的即兴分享呢？我在这里给大家简单介绍3个常用思路。

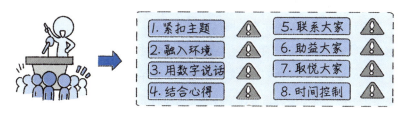

即兴分享的 8 大注意事项

第二方面：常用的即兴分享思路

思路 1：昨天——今天——明天

昨天代表过去，今天代表现在，明天代表将来。你在任何场合被叫起来做即兴分享的时候，都可以用这个套路去做一个 1～3 分钟的分享。

比如在公司大会上让你发言，你可以这样说："记得一个月之前，咱们公司在哪方面的状况还是怎样……而今天站在这里的我们已经完成了令人振奋的进展，比如……我们有理由相信，只要我们能发挥那次决策所提到的……精神，我们公司的未来一定可以更……"这个思路是最好套用的，因为昨天、今天这前两步就是摆两个事实而已，明天就是在此基础上进行一下展望，就类似于："以前的什么时候，我们是什么样的情况，而经过什么样的原因，我们今天已经怎么样……相信我们只要怎么样，我们在什么时候就一定可以怎么样！"这就是"昨天——今天——明天"的分享思路。

思路 2：祝贺——感谢——希望

这个表达思路尤其适合相对喜庆、比较有仪式感的场合，比如说人家的婚礼，人家家里添小孩了，人家公司办年庆等，或者学生要毕业了，你作为领导，给学生表示祝贺等，这些都是喜庆且有仪式感的场合。在这类场合里我们就可以用"祝贺——感谢——希望"这个思路。

表示祝贺和感谢可以这样说："首先我在这里呢，代表……对……（或者对……组织）表示衷心的祝贺，在这里，我们也要特别感谢……这一路以来对我们工作的支持。"你说感谢的时候，还可以提一些具体事实。比如："在和他们合作期间，发生了一件……事情，让我永远也忘不了……"接下来具体描述那些令人感动的事实。感谢的时候，引出一段事实，最后由事实我们得出一种结论："相信我们只要能够坚持……

我们的未来就一定可以……"就是提出你的希望，或者"相信以你的……优势，你的家庭或者事业未来都会越来越好"等，我们可以根据具体的情况，去调整自己的发言。

思路 3：事例——结论——祝福

这就更简单了，几乎可以用于任何即兴分享场合。就是讲一个事情，由过往发生的那件事情得出一个结论，在最后提出自己的祝福和希望。这个思路跟上面有异曲同工之妙，而且更简单。

比如上来直接讲一个事情："当我站在这里的时候我不免想起来一件事，这件事情发生在……时候……"事情讲完了，结论也就有了。

在你发表获奖感言时，也一样可以用这种方式切入："几个月前我是万万想不到今天我可以站在这里，我在这里最感谢的一个人，那就是……，因为在……时间发生了一件……事情，当时这位朋友（或者前辈）跟我说了……话，给我进行了……支援。"这就是讲示例，然后得出来一个结论："是他让我明白了……道理，……信念（或者精神），我会坚持他告诉我的理念，我未来一定可以取得更好的成绩，也预祝所有的朋友都可以坚持……，在自己的领域，获得不俗的成绩。"

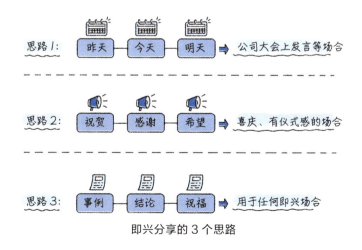

即兴分享的 3 个思路

　　这些就是非常简单的思路，掌握了这些思路后，几乎所有的即兴分享场合都可以套用，尤其是第一种和第三种。

　　一个真正的口才高手，不仅仅要做到在正常情况下超常发挥，更要能做到在非正常情况下正常发挥。而即兴分享最能考验一个人的临场能力，能赢在即兴场合，比你赢在平时更有意义和说服力。相信这一节对你任何场合的即兴分享能力都会有所促进，如果想要快速提高，就要多多练习。

23 ｜竞功：竞选竞聘技巧

　　不管是在什么领域，想要更快地晋升，除了平时表现出来的实力，还要有关键时刻一跃上台、俘获众望的能力。就像踢足球，就算你全程踢得再好，搞不定临门一脚，也注定当不了球星。

　　现实生活中，不论是在学校里竞选班长或社团干部，还是在职场里竞聘店长或部门经理，抑或是参加大赛或群体面试时让观众或评委给你投票的环节，我们都离不开一定的竞选、竞聘的功夫，也就是我们这节要讲的竞功。

　　在我看来，不管是在什么领域竞选什么角色，只要我们掌握了一定的逻辑思路，就可以套用这个思路，做到游刃有余。为了提高大家竞选、竞聘的能力，让大家在未来能够更容易胜出，这一节专门给大家准备了一个竞选，竞聘的常用思路，以供套用。

　　这个思路，包含三大部分，第一部分是开场白，第二部分是内容，第三部分是结尾。

开场白

　　这部分是最简单的，主要目的就是获得听众的好感。一般包含三点，问好、感谢和自我介绍。上来大大方方地跟大家问好，同时要感谢领导对你一直以来的支持以及大家对你的厚爱，感谢能给你提供这样一个机会。可以根据对方对你认知的情况，做一个简单的自我介绍。当然，如果在对方对你认知比较浅的情况下，要突出自己的姓名、特点、立场和价值，以增加自己的吸引力和大家对你的信心。

接下来就是重头戏了，内容部分和结尾部分。内容部分包含 5 个关键词，结尾部分包含 2 个关键词，共 7 步。

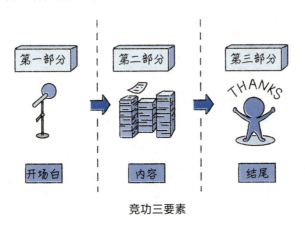

竞功三要素

内容

我先把 5 步内容关键词跟大家过一遍。

1. 原因——诉说参选初衷

做完自我介绍之后，我们上来就要给大家一个独特的理由——我为什么一定要参选，这其实是一个表态的开场，如果你态度表现得好，就会让大家印象深刻。

这个独特理由，无论是站在集体长远发展这种"于公"的角度，还是站在大家个人利益这种"于私"的角度都得是说得过去的，最好是有高度又不失温度，"于公"迎合了领导，"于私"迎合了大家，这样就不仅会得到领导对你的支持，还会得到大家的支持，因为领导看重长远、看重整体的效益，大家看重个人利益。

举个例子，在工作上，如果你想竞选某个部门经理，你可以给大家这样一个独特的理由："在上来之前，我还在想到底该怎么表达，上来之后才发现，大家看的不是我们这些人台上怎么作秀，而是我们对工作的理解和对规划践行的信心。而在这方面，我恰好有话要说。我过去在部门里待了这么长时间，这里有我最熟悉的工作和最熟悉的人，正因为这份熟悉度，我对提高整个部门的效益和每一位同人的收益有绝对的信心。"

你也可以拿你的独特优势先布个局："我是一个喜欢反思总结的人，经过我长期的工作观察，发现无论站在公司的角度，还是个人的角度，效率和效益都完全可以大幅提高。如果大家能给我这份信任，我会给公司一份更好的利润收益，换大家一份更轻松高效的工作状态，以及更多的收益可能和业余时间。"这样说，就会让评委或投票的人都对你感兴趣，有了好奇心，就会很愿意听你解释你为什么能胜任，凭什么有信心。

接下来就可以谈经历了。

2. 经历——过去相关的独特经历

那怎么谈经历呢？一定要谈对竞聘职位有帮助的且比较独特的经历，并且以突出成就的简要表达方式来说，只有这样才能持续抓住大家的注意力。这些经历并不一定是工作上的，也可以是生活中的，目的是增强大家对你的好感和信心。主要从态度和能力两个维度，通过摆事实来佐证。

如果你开篇强调了你非常热爱那份工作，那就可以说一些能够体现出你在热爱的地方通过自己的努力最终做好的事实。

如果你开篇强调了你的经验方法或相关特质，那你就讲过去确实有过的职场成功的事实，你大可以想办法去塑造，如果没有，那你也可以讲一个其他类似的事实，但是要能影射到这一点，能够通过你的塑造增强大家对你在这方面的信心是最重要的，比如你可以说曾经有一次相似的选择，大部人刚开始都是质疑你的，但是你最后还是做到了，因为你性格中有一种特质，想到哪里就一定要做到哪里。其实，每一个人、每一个领导都喜欢那种有态度、有冲劲、有性格特质的人。所以讲成功经历的时候，一定要能体现出你的特质，这很重要。

3. 经验——经历带来的经验和优势

你既然讲了一个与众不同的经历，那就得想办法把这个经历升华为一种经验或提炼出对工作有价值的特质说明。这里就不是映射了，而是结合成功经历给大家总结出来、呈现出来，直接告诉大家。其实，只要成功经历暗示得好，就能让人认识到你的经验。

在人员选聘上，领导都喜欢用那些有经验的人，因为用起来省心啊。既然经验可以让大家对你胜任工作抱有信心，你就可以在讲完成功经历后，进行总结："若没有当初的那些危机考验，也不会有我现在处理复杂问题的信心和能力；若没有当初对机会的把握和坚持下来的意志力，也不会有我现在带动团队积极性的优势；若没有当初对那些细活的耐心，也不会有我现在追求完美的死磕习惯……我发现，一切都是最好的安排，只要大家对我有所期望，我就一定不会让大家失望。"

以上便是通过事实，简述总结出自己相关的工作经验或优势，比如：处理复杂问题的信心和能力、带动团队积极性的优势、追求完美的死磕习惯等。

4. 作用——经验优势对竞聘工作的作用

这一步就是强调经验、特质、优势等对目前工作的作用和价值，这是对你竞聘的核心竞争力的说明，最好是岗位刚好需要，我又刚好擅长，人无我有，人有我优，且有不可替代性。

比如说："如果说曾经的那些经历给了我了经验，那么后来我多次在这方面的尝试，让我认识到了我在此方面的擅长和兴趣。我一向认为，无论干什么工作，若没有足够的工作热忱是干不好的，而热忱来自兴趣；

当然想做好一件事，有些天赋会助推成功。所以，我庆幸自己在这方面还算擅长，同时我有足够的工作热忱，这是我相信自己一定能把这项工作干好的原因。"这些概括性的说明，可以结合你到底擅长什么而说得更具体一些，比如，你可以强调你在组织协调能力、领导力、策划力等方面的优势。

你也可以站在部门发展的角度，从趋势、实际情况等多方面来阐述这方面能力的必要性，没有这方面能力，发展的形势是怎样的，如果有了之后会得到怎样的改进，公司会得到哪些效益等，然后再结合你自己独特的优势，让对方意识到你的到来是非常有必要的，整个组织架构里仿佛就差你这么一个关键角色了。

5.承诺——若竞聘上将会如何对待

承诺就是表态、表决心。一个人能力再强，经验再多，如果不能让大家从内心信任他的品格，不能让领导们感受到他的忠诚，也会令大家因内心不安而放弃，因为这种人变数太大。

因此你要接着刚才的话说："所以我相信，我一定有信心把咱们新的部门带好，我会亲自带着大家每天充满干劲，提高大家的工作效率和收益；我也向所有领导承诺，如果您愿意给我一个机会，我一定还您一个更好的结果；我向所有的同人承诺，如果你们愿意给我一个机会，让我来服务带动大家，我一定会和你们共同奋斗，跟你们同甘共苦、患难与共……"

甚至有时可以加上"给我……时间，我还大家一个……结果，如果我做不到，我愿意接受……惩罚"等军令状般的承诺，切掉退路，才能更显决心。就像普京曾经的竞选口号"给我二十年，还你一个强大的俄罗斯"，曾经深获民心。

这就是承诺，本着你描绘起来的愿景方向，让大家都有所期待。

当然，承诺时一定要让大家感觉到你自信的状态，觉得你确实靠谱而不是空喊口号，这是很重要的。

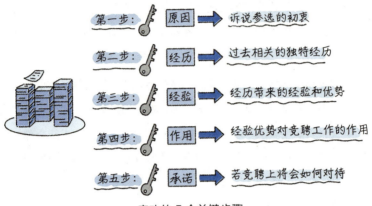

第一步：原因 ➡ 诉说参选的初衷

第二步：经历 ➡ 过去相关的独特经历

第三步：经验 ➡ 经历带来的经验和优势

第四步：作用 ➡ 经验优势对竞聘工作的作用

第五步：承诺 ➡ 若竞聘上将会如何对待

竞功的 5 个关键步骤

结尾

最后两步的关键词是希望和感谢。

1. 希望——希望大家能够给一次机会

你可以这样说："我希望领导、大家能够给我一个机会，无论是站在公司发展，还是站在大家个人角度，我已做好了一切的准备。"或者说："希望可以为大家服务，在接下来跟大家共同奋斗，一起见证我刚才所说的承诺。"你甚至可以把"希望"改成"相信"，"相信大家对我平常工作都比较清楚，对我刚才发自肺腑的陈述也都心中有数，对于未来的工作，我已经下了决心，大家也都是最关注公司创新发展的人，相信大家一定也会给我一个机会。"

把"希望"改成"相信"的话，会有更强的框式效果，因为是根据对象的特点表达信任，让对方都不好意思否定。比如："相信每一个想让自己工作效率快速提高的、有共同想法的同人，一定会投我一票；相信对我比较熟悉并希望看到本部门创新改革的各位领导，也一定会投我一票……"这就是站在大家的利益上，用相信进行框式引导。也可以站在每一方的个人利益上进行框式引导："相信只要你还有……的想法，一定会给我支持；相信只要你还有……期待，一定会给我投上一票。"

2. 感谢——感谢各位领导和同人给予竞选机会及支持

既然上台了，就要善始善终，结束时要致谢，甚至借助致谢再表一下信心。

在这里你可以这样说："最后非常感谢单位领导，以及大家给予我此次参选的机会，感谢大家对我一直以来的关怀和支持，也感谢大家对我的这份信任，我相信大家的判断，我也一定不会辜负大家的厚望。"

以上这些就是我们在竞选的过程中要注意的8步。如果你按这8步逻辑思路来严谨地设计自己的竞选竞聘演说，一般都会给评委和观众留下深刻的印象，胜出的概率往往也更大。这8步学完了之后，是不是发现竞选竞聘也没那么麻烦？没错，一切皆有规律，通过这8步理清楚了，就可以去模拟一下，运用到大学竞选干部或者竞聘各种岗位之中，相信一定会有效果。

竞选8步虽然已经学完了，但我们有些朋友还是不会抓重点。你有想过这8步中哪些是最应该着重突出的吗？

想要让别人在你短时间的竞选演说里认可你、接受你，就必须要抓大放小，绝不可等量分配。我给大家提2个点，是在竞选竞聘的时候决定大家会不会给你投票的最重要的2个点。

一个点，是经历。

想用短暂的时间，让所有人认识到你的经验、能力、特质、优势，不是光靠说的，而是要有事实经历来辅助证明的。事实胜于雄辩，所以这方面你一定要下功夫，讲一个成功的经历，能够彰显你的能力、经验和对工作的作用，也更容易让人相信你的承诺。

另一个点，就是承诺。

事实和逻辑当然容易说服人，但如果不能辅以打动人的态度和决心，也会让人觉得对你没有把握。信心不足的状态，会让人缺乏安全感，从而放弃对你的支持。所以，一定要拿出自己真正自信的状态，把说到做到的决心传递给大家。尤其是关键时刻的任命，不怕没能力，就怕没决心。在影响人的因素中，状态至少占了50%的作用。

一次竞聘到底能否成功，关键看这2点。①在能力经验上，感觉你确实胜任这方面工作；②在态度决心上，从你表现出的自信上，感觉你靠谱给力。

只要按照本节内容认真地做好8步准备，尤其是把成功经历和决心承诺表达好，你在以后竞选竞聘中会非常顺利，即使存在"暗箱操作"，你也一定能呈现出自己最好的一面，这不也是成功吗？

24 | 演功：演讲风格定位

一个人在公众面前的表现力，往往决定着他人生的影响力。不论是商界、政界，还是军界、文化界，几乎各行各业的领军人物，都无一例外地需要一定的公众表现力。比如说很多国家元首的竞选演讲和电视辩论，其舞台上的演讲风度和表现力往往起着至关重要的作用。

即使我们没有必要具备这种高层次的演功，我们每个人也都离不开基本的公众表现力，比如符合我们个性的演讲风格、舞台技巧等。所以，我在这一节，好好跟大家聊一些基础的演功，就是演讲风格和舞台演绎的相关注意事项，毕竟"演讲演讲"，不仅有演还有讲。那在公众演讲时，如何将演和讲进行有效结合呢？在这一节我们通过 5 个方面给大家提供一些建议。

第一方面：演讲风格的分类与要求

1. 专业型

这种风格一般都是要求演讲者在某个领域有深入的积淀和研究，演讲时不仅能展示出专家的形象，而且一讲起话来，还总能阐述出与众不同的观点并且旁征博引，善用数据，让人感受到其学术底蕴深厚、专业水准很高的一面。

《财经郎眼》中，郎咸平每一次出场，必引用数据，难怪很多人把他称为最受欢迎的经济学家。

2. 励志型

这种风格一般适用于有传奇经历或成功事实的演讲者，不需要有多么专业的积淀，但要有发人深省的故事来打动人。通过历经挫折但仍能积极向上，尤其是逆袭的故事，再辅以激励人心的情感和让人共鸣的理念，总能传递满满的正能量，这就是励志型演讲具备的特点。

3. 分享型

分享型一般都有一个特点：就是本人喜欢分享，并善于从已知已经历的内心感受出发，由内而外地传播。分享型往往以故事分享为主流，由个人经历、故事再延伸出感悟启发，这种分享一般很能抓住别人眼球，讲完了也容易让人印象深刻，就像《开讲啦》邀请来的嘉宾一样，上台后都会先从自己的故事说起。

人与人之间的沟通，有一个"沟通漏斗"现象。指的是心里想说100%，嘴上只说出了80%，别人听到了60%，听懂了40%，1个月后最多记住20%，3个月后就只记住5%，而这5%大多都是令人有启发的故事和案例。所以，站在提升影响力的角度，我们人人都至少要成为一个会分享故事的人。

4. 娱乐型

一般情况下，这种类型要求演讲者性格比较开朗、豁达。一个能自嗨自嘲的人，才能自然而然地娱乐大家。当然，娱乐型往往离不开一定的灵活应变能力。同时，不管是搞笑表演、模仿明星名段，还是讲段子，都要有一定的积累，并且要尝试在周围的人际关系中让自己放得开，学会活跃气氛。若想提升幽默能力，可以多订阅一些脱口秀或小品相声类节目，可以坚持每天去研究一些好玩的段子或搞笑的视频，不仅是为了好玩，还为了搞清楚为什么好玩，积累多了，自己不经意间也能幽默一下。

5. 汇报型

汇报型要求演讲者要有实事求是、严谨认真的作风，并且最好要有严谨细致的学术风格，让别人通过他的专业形象和风格就能感受到他的靠谱。

6. 杂糅型

杂糅型就是综合了以上各种类型的一些特点，有些是两种类型的结合，有些是几种类型的结合。

在以上提及的演讲风格中，你到底属于哪种类型呢？

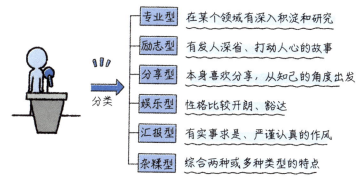

专业型　在某个领域有深入积淀和研究
励志型　有发人深省、打动人心的故事
分享型　本身喜欢分享，从知己的角度出发
娱乐型　性格比较开朗、豁达
汇报型　有实事求是、严谨认真的作风
杂糅型　综合两种或多种类型的特点

演讲风格的分类与要求

第二方面：演与讲比例的分配与完美结合

演讲演讲，就是演和讲的结合，那演和讲到底各分配多少比例才是比较合适的呢？一般情况下，演和讲的比例控制在 3:7 是比较合适的，毕竟演讲还是要以讲为中心。

《我是演讲家》这个节目里曾经在晋级赛中淘汰了一个魔术师，应该说他的魔术确实演得非常出色，但毕竟那是一个演讲类节目，他的魔术占了大部分时间，所以不能算是特别成功的演讲，只能算是成功的表演，最后，他还是被淘汰了，所以演讲还是要以讲为中心。

那么演和讲该怎么结合使用呢？

建议 1：同步结合。我们必须清楚，演讲是演和讲两方面的事情，绝不是单方面的事情。有演有讲才叫演讲，只讲不演或只演不讲都是不完美的演讲，所以两者都要有才够完整。从一个人语言要素的影响力来说，语言学家麦拉宾曾经研究得出，文字占7%，声音占38%，肢体语言占55%。声音和肢体语言都是很重要的非语言技巧，发挥着重要的演的功能，三种语言要素越同步，影响力就越大。

建议2：以演代讲。如果有的地方可以演出来，不妨用肢体语言表示一下，因为演毕竟更加生动传神，更加能够吸引大家的注意力。演也不一定需要你表演得特别专业，有时候可能就是一个小动作、小眼神，或者是拿个道具跟大家打个比方，都会让人印象深刻。

建议3：以讲绘演。绘就是描绘的意思，就是用讲的方式去描绘出一种场景，描绘出一种画面，制造带入感，让别人沉浸在你所描绘出来的场景中，这样既让你的演讲形象生动，又让听者印象深刻，你讲话的影响力自然也会有所提升。就像我以前介绍自己的名字那样："我是卢沟桥上的战斗卡车，取其中三个字：卢战卡。"画面感很强，大家一下子就记住了。

以上就是演与讲的比例分配和有效结合的建议，比较简单易懂。

第三方面：舞台鼓掌握手的方法与注意事项

能在恰当的时候带动观众鼓掌，既能活跃整个现场的氛围，又能增加很好的现场体验。那在什么时候什么场合下才适合去带动观众鼓掌呢？一般有这几种情况。

（1）**感谢的时候。**你觉得对方做得非常好，可以带动鼓掌；或感谢对方提供了一些有效的忠告和建议，可以带动鼓掌或者是单独鼓掌。

（2）**致敬的时候。**面对对方极强的人格魅力、高尚作风或突出贡献的展示，可以报以致敬式鼓掌，如果本身是坐着的，可以站起来致敬鼓掌。

（3）**引导的时候。** 凡事要有铺垫，比如带动大家参与互动时，可以用"分享需要勇气，勇气值得鼓励"来带动大家进行鼓励式鼓掌。带大家做任何事，都要给大家一个心理理由。

（4）**恳请的时候。** 如果听众觉得所讲内容对他们有帮助的话，可以恳请观众给予掌声。要注意的就是每一次鼓掌要真诚、不生硬、不勉强，给大家铺垫好理由，不要走形式，要给对方真诚而不是虚伪恭维的感觉。

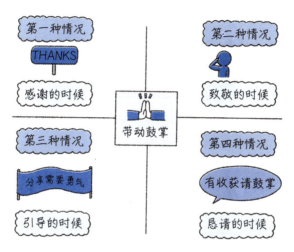

带动鼓掌的 4 种情况

除了鼓掌，演说台风还要注意握手的分寸。握手一般情况下在交麦的时候，或者在欢迎或感谢等几种场合。

那么舞台上握手要注意什么呢？给大家提几个关键词。

（1）**不脏不戴：** 为了表示对他人的尊重，握手前要保持手部干净，不戴手套，也不要手持其他物品跟对方握手。

（2）**不交叉握手：** 不要跨越式地握手，你还没有跟对方握手，却直接跨过他跟他旁边的人握手，这样就很容易造成尴尬，交叉式握手是很不符合礼仪的。

（3）**尊卑有序：**按照从尊到卑的顺序握手，握手之前最好先称呼一句，一是表示尊敬，二是省得让旁边的人误以为你要跟他握手，以防尴尬。

（4）**用力适度：**有些人握手时用力过大，尤其对女士，这是非常不礼貌的。当然，不用力也会显得敷衍，也是不尊重人的表现。

（5）**大方得体：**开朗、大方、主动、讲究的表现，往往让你在各种场合都更受欢迎。

（6）**右手握手：**右手握右手，没有左手握手这个道理，所以在舞台上交麦之前，一定要把话筒放到左手，用右手握手。就算我们右手不方便握，哪怕只是打声招呼，也不要用左手握手。

所以，一定要做到这几点，用力适度，大方得体，右手握手，不交叉握手，如果有一群嘉宾，要尊卑有序。

第四方面：舞台接麦拿麦的方法及注意事项

我们在舞台上难免会做跟主持人接麦、拿麦这个动作，或者是跟我们要引导出来的嘉宾换麦，那我们该怎么样做呢？

1.接麦

（1）**左接。**接麦永远是左手接，不能用右手接。为什么要左手接？因为你跟对方接麦的时候，握手和接麦，虽然是一前一后的动作，但间隔极短，礼仪上要求你右手握手，那就必然要左手接麦。一般情况下都是先伸手迎接，再握手，再接麦，虽然时间间隔非常短，但这3步节奏不能乱。

（2）**持柄。**接麦的时候要持柄，持头、持尾或者触手都是不恰当的。

（3）**轻试**。试麦的时候拿着话筒直接对着上边吹"噗噗噗"，或对着话筒"喂喂喂"，非常不合礼仪，因为这样很不卫生并会制造噪声。适宜的方式是用食指轻点两下话筒头，然后去听一听声效如何。

不宜右接，不宜持头，不宜制造噪声，这些都是我们在接麦时应该要注意的事项。接下来说说拿麦。

2. 拿麦

（1）**手持下1/3**。拿麦时我们要持麦的下1/3，不要拿得太靠上，也不要拿麦头。

（2）**控制角度距离**。拿麦时最好让麦克风与身体垂直线倾斜30度角，距离嘴大约6厘米，这样的空间就可以，不能离太近，太近了之后有些时候会发生啸叫，太远了又声音太小。

（3）**规避常规错误**。不握网头，不挡信号，不双手握，不握双麦，不对喇叭，也不横握挡脸，这些都是我们要注意避免的常见持麦错误。

说完这些咱们再说第五个方面，上台、退场的方式和在舞台上移动的要领。

第五方面：上台、退场的方式及在舞台上移动的要领

嘉宾被邀请上台之前，我们首先得知道上场前的休息怎么安排。一般情况下，上场前的休息场所比较适合的是隐蔽的休息室或者幕后，或者是备受尊重的第一排，为什么要在休息室或者幕后呢，这表示对主讲嘉宾的尊重，只有主办方对主讲嘉宾有足够的尊重，所有听众才会同样表现出尊重和期待。若提前将嘉宾安排在贵宾室或幕后，听众越看不到就越期待。若将嘉宾安排在第一排就座，一般都是在听众坐定以后、快开场时，再请嘉宾就座，到时一定要安排引导人员以示尊重，有名牌就安排名牌放贵宾席一个。

1. 上场方式

（1）**听到掌声再起身上场，一定要稳重。**因为在主持人还没有介绍完，还没有发出最后的欢迎上场指令时，你就已经起身了，甚至都已经开始走上舞台了，那就比较尴尬，给听众的印象也不好，听众有可能就觉得你是不是太着急了！

（2）**大方上场再致意。**上场的过程中要致意主持人，同时也要致意听众，给听众打招呼，这是非常必要的一种礼貌！

以上是上场的注意事项。当主讲嘉宾真正接到话筒了，主持人退场或侧站了之后，要把握演讲前的三定原则。

2. 演讲前的三定原则

（1）**人定。**人首先要站稳了，双脚与肩同宽或比肩稍窄，这是男士的站姿，女士可以丁字步也可以双脚并拢。

（2）**眼定。**眼睛目视前方，定在观众席的前2/3处，这样会给大家一种全场都被照顾到了的感觉。

（3）**神定。**上来就给大家一种友好的姿态，神情泰然自若，从容、自然、微笑。嘉宾拿话筒站在那里的时候，如果掌声还没有落下，那就让掌声再飞一会儿，先沐浴一下掌声，这是我们上来要有的范儿，这很重要。

那退场的时候要有哪些注意事项呢？

3. 退场方式

争取在最高潮的时候，或者是在大家产生共鸣的时候华丽转身，不要在大家的情绪低谷期退场，因为那样会留下不好的印象。根据当时的情况，想把演讲推到最高潮，可以用送忠告的方式、说诉求的方式，或者是讲故事的方式。想了解引爆尾声的方法，可以参考之前讲的"创功"。

同时退场时要注意 8 个字：致谢观众，善始善终。上场的时候，你向大家致意，给大家鞠躬，退场的时候也是要表示感谢的，因为大家毕竟给了你这么长时间去分享。

这是上场和退场要注意的事项，最后提一提在舞台上移动的注意事项。

4. 舞台移动的注意事项

我们要注意，在舞台上，作为一个主讲嘉宾，我们拥有一定的时长，可以不用像主持人那样固定地站在一个地方，我们可以有一定的走动和互动，但是要注意这几点。

建议 1：自然不做作。走动不要太刻意，因为你的刻意会被人发现。

建议 2：以动带讲，尺度放大。就是通过移动让你的演讲更有表现力，让大家印象更加深刻。

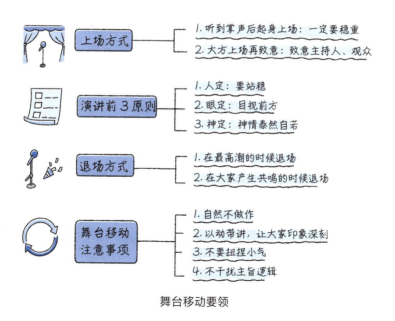

舞台移动要领

建议 3：不要扭捏小气。比如说你的动作若只停留在两肩之间、两个手势之间，尤其是男士，那就显得太小气了。

建议 4：不干扰主旨逻辑。就是你不能因为太有表演欲而影响自己的正常发挥，若动作太大都导致忘了演讲思路的话，那就太尴尬了。

讲到这里，关于演讲风格和舞台演绎的基本功也算告一段落了，无论是方法建议，还是注意事项，都希望能对大家在舞台上的表现力有所帮助。其实，真正出神入化的演讲台风和演绎能力，都非一日之功，如果你真的还有这方面的追求，请先把这节提到的要求做到，期待后期能与你相遇，并为你更高能的公众表现力出谋划策。

扫码领福利

⊙ 卢战卡

- 全国青联委员、全网粉丝1500万+的知识型IP
- 头条、百度等多平台公益助学先锋荣誉获得者
- 抖音官方认证知识分享官、2020百大人气创作者
- 头条金V优质职场创作者、头条认证短视频营销专家
- 一汽大众、泸州老窖、中国平安等众多500强企业特聘讲师

👥 战卡书友会

1. 精彩分享带你轻松长知识
2. 让你变得更强的成长环境
3. 一群高质量的成长型伙伴
4. 【定期精选】值得看书单

扫码加入，我在群里等你哦

⬧ 全套思维导图

《社交资本》一套三册系列丛书
《影响式社交》《影响式表达》
《影响式销售》核心精华的思维
导图，共计"70套功夫"，立刻
扫码，免费领取！

扫码关注公众号
回复"社交资本"